El viaje de Kalilu

El viaje de Kalilu

Cuando llegar al paraíso es un infierno

De Gambia a España: 17.345 km en 18 meses

Kalilu Jammeh

Plataforma
Editorial

Primera edición en esta colección: septiembre 2009
Tercera edición: octubre de 2014

Plataforma Editorial
c/ Muntaner, 269, entlo. 1ª – 08021 Barcelona
Tel.: (+34) 93 494 79 99 – Fax: (+34) 93 419 23 14
www.plataformaeditorial.com
info@plataformaeditorial.com

Depósito legal: B. 36.197-2009
ISBN: 978-84-96981-56-0
IBIC: BGA
Printed in Spain – Impreso en España

Diseño de cubierta: Utoppika

Fotocomposición:
Grafime

Impresión:
Romanyà Valls - Capellades (Barcelona)

Índice

ESPAÑA
Blanes
Málaga
Málaga
Oujda
Taza
Rabat
Fez
Keresiff
MARRUECOS
OCÉANO ATLÁNTICO
Arrecife
El Aaiún
ARGELIA
SAHARA OCCIDENTAL
MAURITANIA
MALÍ
SENEGAL
Reserva de Fauna de Ferlo Norte
Dakar
Giboli
Kayes
Kidira
Basse
Tambacounda
Parque Nacional de la Boucle du Baoulé
Serekunda
Velingara
GAMBIA
GUINEA BISSAU
Bamako
Segon
Mopti
Uagadugú
Bobo-Dioulasso
GUINEA
Parque Nacional de la Comoé

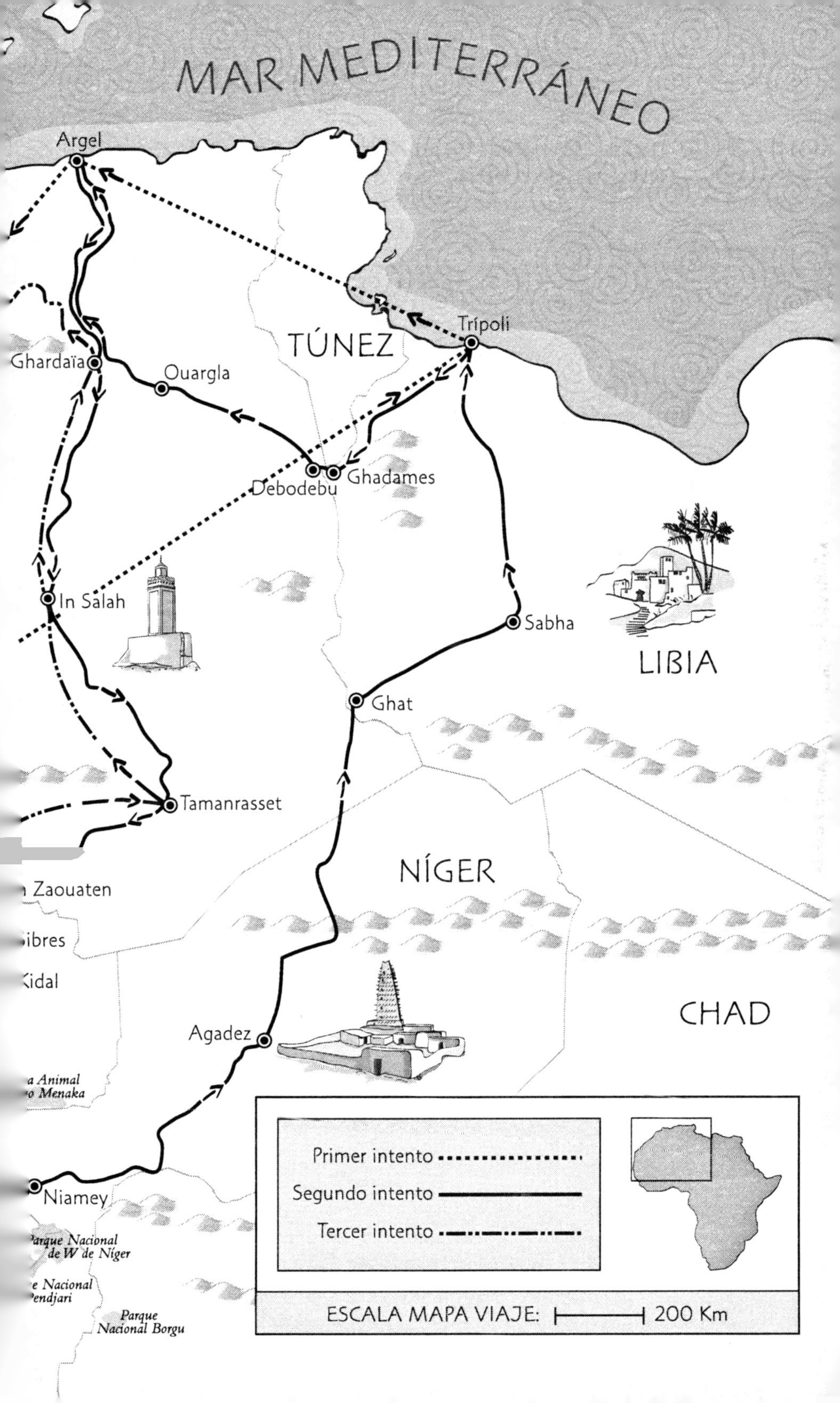
MAR MEDITERRÁNEO
Argel
Trípoli
TÚNEZ
Ghardaïa
Ouargla
Debodebu
Ghadames
In Salah
Sabha
LIBIA
Ghat
Tamanrasset
NÍGER
Zaouaten
Kidal
CHAD
Agadez
Niamey
Parque Nacional de W de Níger
Parque Nacional Borgu
Primer intento
Segundo intento
Tercer intento
ESCALA MAPA VIAJE: 200 Km

Prólogo

El libro que tienen en sus manos constituye una narración etnográfica en estado puro: Kalilu Jammeh explica las vicisitudes que soportó durante su periplo de más de 17.000 kilómetros por tierras africanas, y lo hace con una técnica descriptiva de un naturalismo descarnado. Kalilu nos pone ante los hechos tal y como los ha experimentado, de forma directa. Nos transmite lo que ha pasado, de manera gráfica y contundente. El autor es tan visualmente abrumador en sus descripciones que no hace falta que use demasiados adjetivos para apoyar su relato: a lo largo de la lectura cabalgamos a su lado contemplando el horror más profundo, la desesperación más inefable y las más abrumadoras de las atrocidades. Nos hace sentir compañeros de viaje, literalmente nos transporta con él al infierno, y su lúcida e impresionante descripción hará que devoremos las páginas con una rapidez proporcional al abismo humano en el que nos introduce en primerísima persona, desde la proximidad más absoluta. Él estaba allí, y nos lega su testimonio.

Kalilu Jammeh es parco en adjetivos y es por ello que nos ofrece una imagen nítida, diáfana, sin opacidades ni rugosidades. Debo reconocer que, tanto durante la lectura de su libro como durante la escritura de este prólogo, encontrar adjetivos apropiados para catalogar lo que el autor nos presenta ante los ojos es una tarea tantálica, por no decir imposible. Cualquier adjetivo que se escoja se presenta como abruptamente seco y estéril a la hora de poder calificar este verdadero holocausto invisible, un holocausto que lleva más de veinte años teniendo lugar ante la ceguera (o la indiferencia) de demasiadas personas. El 95 % de las africanas y africanos que emprenden un viaje como el de Kalilu no consiguen su objetivo y acaban sucumbiendo en un varadero de ilusiones.

El autor ha tenido la valentía de desglosar este relato y regalarnos su impagable testimonio. Miles de personas africanas que, como Kalilu Jammeh, han sobrevivido al sangriento transepto no han podido hacer frente a los espantosos recuerdos y han preferido la opción mayoritaria, fácilmente comprensible: olvidar o callar, o ambas cosas. Cuando lleguen al final del libro los lectores y lectoras se preguntarán si no hubiésemos hecho lo mismo que la inmensa mayoría de los supervivientes de esa masacre oculta, es decir, si no hubiésemos guardado silencio y tratado de sublimar horrendos recuerdos sepultándolos para siempre jamás en lo más profundo de nuestra mente. Eso otorga todavía más valor al ejercicio de rememorar y plasmar con precisión casi cinematográfica unos hechos de tamaña monstruosidad.

De forma paralela a los hechos ante los cuales se nos invoca, y que espero que consigan hacernos cobrar conciencia de esa matanza cotidiana, diversas temáticas surgen ante nuestros ojos. En primer lugar, las terribles condiciones de vida de muchos lugares de África, por muchos conocidas pero pocas veces experimentadas desde dentro con una ferocidad tan implacable como la que ha sufrido Kalilu y que otros tantos miles y miles de personas continúan sufriendo a diario de forma atroz.

En segundo lugar, el autor rasga las cortinas que nos separan del verdadero panorama de brutalidad policial en diversos estados, la impunidad con que actúan las autoridades de las fuerzas del «orden», la corrupción insondable, la mezquindad de personajes que aprovechan la desesperación para hacer negocio, la brutalidad cotidiana con que se emplean personas que llevan años parasitando el tráfico humano hacia Europa y su absoluta falta de empatía con el sufrimiento y con la muerte de lo que contemplan como simple mercancía. La violencia, los asesinatos, la extorsión, las violaciones, los robos son una constante avivada en esos nidos de depredación alimentados por la economía de rapiña que nace alrededor del tráfico de personas, con el componente añadido del genocidio perpetrado en algunas acciones de deportación.

Por otra parte, una vertiente que debemos retener y que constituye otro pilar del libro de Kalilu Jammeh es la de la existencia de la solidaridad y de la fraternidad como constante antropológica, más notable y valorada cuando se da en medio del horror. Los lectores podrán ser testimonio de admirables ejemplos de solidaridad que harían palidecer cualesquier de los dignos esfuerzos solidarios que se realizan desde nuestras sociedades. Ejemplos de solidaridad entre compañeros de viaje, pero también por parte de lugareños que habitan los espacios por donde transcurre la fuga hacia Europa. Bocanadas de humanidad en medio de un páramo inerte. Soplos de esperanza en plena desesperanza. Tragos de liviana y dulce agua que permiten que los nudos de amargura puedan diluirse transitoriamente. Paréntesis de vida en un paraje marcado por la muerte.

El relato que nos regala el autor también muestra la desesperanza de personas que se quedan ancladas en el camino durante años y años, seguramente para siempre, ni aquí ni allá, ni en casa ni en Europa, a menudo en espacios de donde no pueden salir si no es con la certeza de que la muerte los espera a los pocos días, territorios que devienen una suerte de no-lugares despojados de sentido, callejones sin salida donde se amontonan personas que un día decidieron dejarlo todo y que han hallado una áspera, humillante y vacía nada. Una metáfora que podríamos aplicar a toda la trayectoria que nos relata Kalilu: un inmenso espacio donde se hallan desactivadas las referencias sociales, un enorme limbo donde la condición humana de sus desamparados transeúntes se encuentra en suspenso.

La idea de El Dorado, del paraíso, sito en Occidente, es otra temática que vehicula gran parte del tejido narrativo de este libro, donde también hallamos una explicación del por qué de esta huida hacia el supuesto paraíso: huyen para sobrevivir. Ni más, ni menos. Pero los pocos que consiguen sobrevivir se dan cuenta de que el paraíso no es tal, sino una inmensa patraña, una gran mentira que ha sido ampliamente publicitada desde Occidente para atraer esa mano de obra. Entre la imagen de El Dorado generada desde las sociedades occidentales y esa mano de obra, un largo camino por recorrer que sólo los más fuertes física y mentalmente pueden llegar a atravesar con vida. Este inhumano trayecto actúa como si de una horrorosa selección de personal se tratase, ya que para la inmensa mayoría de los supervivientes su futuro laboral en el supuesto paraíso estará relacionado con trabajos y condiciones de existencia donde la fortaleza física y mental son cruciales. Así de real y así de abominable...

Más allá de los temas que acabo de enumerar, otros muchos se vislumbran a lo largo del relato de Kalilu Jammeh, a veces con contundencia, a veces de forma fugaz pero no menos significativa: la capacidad de resistencia del ser humano, la importancia de la constancia y de la perseverancia en todo momento y situación, la asimilación de la muerte como una compañera de viaje presta a arrebatarte tu soplo de vida, la capacidad de huir de la animalidad a la que nos conduce irremediablemente la desesperación, la angustia extrema y el hambre, y la enorme virtud de retener el sentido de humanidad a través de la risa, la cual surge incluso en los momentos más dramáticos y trágicos, cuando estalla cualquier brizna de esperanza y a Kalilu no le quedan más lágrimas que llorar, pero mantiene la compostura incluso en las situaciones más difíciles e inhumanas. El autor llega a extasiarse contemplando un amanecer o un bello paisaje, y eso a pesar de estar inmerso en una situación desesperada y de no saber si sus días acabarán durante las siguientes horas, ya que se halla atrapado en un viaje que recuerda a un inmenso campo de concentración, o de exterminio, en continuo pero lento movimiento...

Por último, y antes de dejar que los lectores y lectoras se sumerjan en este libro, apuntaré que su autor, Kalilu Jammeh, ha sufrido una larguísima odisea a través de una ruta dibujada por un engranaje consolidado desde hace más de veinte años, un engranaje que forma parte de un vasto mecanismo que se nutre de la desesperación y del estado de necesidad de miles y miles de personas, por un lado, y de las necesidades de la economía occidental, por otra. Dicho mecanismo adopta la forma de un sistema configurado por enormes redes de intereses, exclusiones y jerarquías de dimensión mundial, y enclaustra a gran parte de la humanidad en las mazmorras de la miseria, la explotación y la dependencia.

El estremecedor relato que nos brinda Kalilu debería contribuir a que empaticemos con el monstruoso sufrimiento de esas personas y, así, podamos baremar el alcance de la barbarie cotidiana que implica continuar con dicha situación. Las personas africanas que viven en su continente han de tener acceso a este libro para conocer de primera mano la gran farsa de «El Dorado europeo» y el pasadizo hacia la muerte que implica en muchos casos. Ese es uno de los grandes objetivos perseguidos por Kalilu a la hora de decidir explicar lo que sucedió durante la travesía. Pero considero que también debería ser éste un libro de lectura recomendada para los europeos y europeas porque, más allá de denunciar la actitud de individuos sin alma que se aprovechan de esta sangría continua, sería oportuno poner nuestro grano de arena en la transformación del sistema de cosas que permite y bendice esa sangría, y que es heredero directo de la trata esclavista y del colonialismo. Y aunque los lectores y lectoras quizá no tengamos culpa alguna de ello en tanto que alejados de los dispositivos del poder, permanecer impasibles sólo significará contribuir a que esa barbarie continúe. En ese caso, respirar nos haría cómplices. Tal como suena…

JOAN MANUEL CABEZAS
Doctor en Antropología Social
joanmanuel.cabezas@gmail.com

Por qué he escrito este libro

Yo estuve presente en más de seis funerales a la semana durante casi un año.

Huyendo de la pobreza y de las guerras, muchos jóvenes africanos, hombres y mujeres, acaban muertos. El desierto del Sahara, el mar Mediterráneo o el océano Atlántico se convierten en el lugar no elegido para el descanso final. La mayoría de estos jóvenes dejan África a pie, con poco o nada de dinero y con la intención de llegar a Europa y trabajar. Pero lo que ocurre es que la mayoría nunca llega ni tampoco regresa a su lugar de origen, y su paradero permanece desconocido para siempre. Muchos mueren de hambre y sed, algunos son asesinados por ladrones armados, otros son víctimas de una mordedura de serpiente, o se ahogan mientras intentan cruzar el Mediterráneo o el Atlántico en pequeñas canoas, y hay también quienes se vuelven locos en medio de la montaña o el mar. Yo mismo he hecho este camino, y me encontré con dificultades y sufrimiento que nunca habría podido imaginar.

Conocí a muchas personas en cada país africano por el que crucé. Aunque compartíamos experiencias fundamentales en nuestras vidas, difícilmente llegaba a saber su verdadero nombre o lugar de nacimiento, porque hay una ley tácita en esta travesía ilegal que obliga a no revelar el nombre y la nacionalidad real. Por eso las familias de los viajeros que desaparecen en el camino jamás llegan a saber qué fue de ellos.

De pequeño, oía todo tipo de historias sobre los que se iban a Europa. El hermano mayor de un amigo de mi padre había dejado el hogar hacía más de veinte años y desde entonces no se había oído nada de él. Un compañero de clase me dijo que su padre había marchado a Europa, dejando a sus hijos y a su mujer embarazada de cuatro meses, y no tenían más noticias de él. Miles de casos como éstos permanecen desconocidos.

Lo que me motivó a escribir este libro fue precisamente la necesidad de advertir a los africanos e informar a la mayor cantidad posible de personas de los riesgos que supone el viaje. Venir a Europa se ha convertido en una prioridad para la mayoría de los jóvenes africanos, que no saben que sólo un pequeño porcentaje de los que parten llega a su destino. Si quienes tienen edad y ganas de trabajar dejan África, ¿quiénes serán los futuros médicos, educadores y trabajadores que sacarán el continente adelante? En mi país, y en la mayoría de los países africanos, sólo quedan viudas y huérfanos, con lo que la espiral de pobreza se agrava aún más.

Con este libro, no quisiera disgustar u ocasionar más sufrimiento a quienes han pasado experiencias similares a las mías, o a los seres queridos de quienes han perdido la vida en el viaje de África a España. Comprendo las razones de que tantos africanos quieran venir a Europa: básicamente, se trata de la esperanza de escapar de la pobreza y alcanzar una vida mejor, lo cual es un derecho de todo ser humano. Pero si yo hubiera sabido lo que me esperaba en el viaje, seguramente no lo habría emprendido.

Mientras escribo este libro, me llegan noticias acerca de trágicos accidentes ocurridos en el mar. Hasta oí decir que un vecino de mi pueblo, junto a muchos otros inmigrantes, quedó en medio del mar con la patera atascada entre rocas, muy lejos de la costa. Un gran animal marino los devoró a todos, excepto a uno que fue rescatado por un pesquero ruso. El pobre murió a los pocos días de haber llegado al hospital.

Los medios de comunicación sólo muestran una parte del trayecto, la que se hace por mar en las pateras, pero, como descubrirán en estas páginas, la realidad es lamentablemente mucho más dura.

No sé si este libro ayudará a evitar más muertes, pero confío en que sirva de algo.

1. La decisión de irme

Me costó mucho encontrar trabajo al terminar la enseñanza secundaria, en 1992. Tras siete meses de búsqueda, me emplearon en el hotel Senegambia Beach, en Serekunda, la ciudad más poblada de Gambia.

En 1994, el gobierno de Dauda Kairaba Jawara, el padre de la independencia del país, que llevaba treinta años gobernando, fue derrocado por Yahya Jammeh en un golpe de Estado. El gobierno británico desaconsejó a los turistas que viajaran a Gambia. Inmediatamente se resintió el turismo, el segundo pilar de la economía después de la agricultura, y yo me quedé sin trabajo.

Conseguir trabajo nuevamente me costaría siete años, durante los cuales muchos amigos se fueron a Europa. Yo veía cómo algunos enviaban dinero a sus familias y éstas podían hacerse casas bonitas y mandar a sus hijos a la escuela. Aunque también me extrañaba que el paradero de otros tantos fuera un misterio.

Un amigo me advirtió de no ir a Europa, porque sabía que muchos africanos no podían conseguir trabajo y terminaban viviendo en las frías calles. Me aseguró que si no seguía su consejo, algún día me arrepentiría. ¡Cuántas veces recordé luego sus palabras! Pero entonces la mayor parte de la información que recibía me hizo pensar que sería una buena idea intentar llegar a España. Así que me propuse obtener el dinero para el viaje, ya fuera en coche, tren, barco o a pie.

Me las apañé para invertir tres mil dalasis, lo que equivale a unos 130 euros, en abrir una pequeña tienda en el vecindario, que llamé «Manjar kunda». Mi tienda estaba muy bien situada y gradualmente atrajo a muchos clientes. El negocio iba tan bien que calculé que en un año sería capaz de reunir el dinero suficiente para hacer el viaje.

Por entonces conocí a un hombre de contacto, como se llama a las personas que animan a los jóvenes a emprender el viaje, convenciéndolos de que llegarán a Europa en una semana y en barcos seguros, a cambio de una importante suma de dinero. Son intermediarios organizados en red, que cubren las principales rutas para llegar a Europa desde África. Yo tuve suerte, porque fui uno de los pocos que no murió en el camino y que llegó a destino, aunque el viaje, en vez de una semana, duraría casi dos años.

Tras algunos meses en los que el negocio iba bien, la situación se estancó debido a la inflación que hacía subir los precios de los productos y disminuir el poder adquisitivo de los clientes. Antes de que mi dinero se agotara, solicité un pasaporte, que afortunadamente obtuve en dos semanas. Conseguir el visado para España era más difícil, porque no cumplía con los requisitos: cuando decía que iba en busca de trabajo me decían que no había, y cuando decía que iba para estudiar, me decían que necesitaba una cuenta bancaria con ingresos de entre 10.000 y 15.000 euros. Así que solicité una visa para Libia, con la intención de acercarme un poco a Europa.

Cuando logré reunir más dinero, viajé en autobús a Dakar, la capital de Senegal, para embarcar desde allí en un avión de Algerian Airlines con destino a Trípoli y escala en Argel, el 15 de junio de 2002 a las 11:45.

A mi llegada a Trípoli, la capital de Libia, fui rechazado por los oficiales de inmigración porque mi visado estaba a punto de caducar, debido a que me había demorado demasiado para reunir el dinero para el billete. Me deportaron a Argel, la capital de Argelia, en el mismo avión en el que había llegado, sólo quince minutos después de haber aterrizado.

Pasé una semana en Argel, en una fría celda de tránsito, hasta que me deportaron a Dakar, desde donde volví a Gambia.

Seguía con la intención de viajar a Europa. Estaba preparado para tomar lo que sería el mayor riesgo de mi vida. Como para muchos jóvenes africanos de hoy, Europa era lo máximo a lo que aspiraba. Pero si de verdad hubiese sabido que pondría mi vida en riesgo, jamás hubiera empezado el viaje. Por eso, cuando pisé la isla de Lanzarote, en lo primero que pensé fue en informar sobre las condiciones reales en las que se realiza este viaje. Sin embargo, por entonces sólo me importaba irme de África.

Mientras trataba de organizarme para volver a intentarlo, me llamó un amigo de Gambia que había emigrado hacía muchos años a Canadá, y me ofreció enviarme dinero para ayudarme con el viaje. A la semana siguiente recibí 1.000 dólares.

No le había contado a nadie de mis planes, ni a mi madre ni a mi mujer. Sólo dos días antes de salir nuevamente de Gambia, les dije a mi mujer, a mi hermano y a mi madre que me iba a Dakar unos días a conseguir un visado para Libia. La noche anterior a mi partida, le conté a un amigo exactamente cuáles eran mis planes, y le pedí que le contara la verdad a mi hermano al cabo de cuatro días.

En la víspera de mi partida, pasé un rato hablando con mi mujer y especialmente con mi madre, porque sabía que iba a pasar algún tiempo antes de que volvieran a saber de mí. No quería que sospecharan que estaba a punto de iniciar una travesía para la que no había ninguna garantía de éxito.

Después de pasar la última noche con mi mujer, ella se levantó temprano para preparar el desayuno y buscar agua en el pozo para que pudiera bañarme. Cuando regresó, llamé a mi hermano, a mi madre y también a los niños de casa para que todos me dieran una oración, como de costumbre.

A las diez de la mañana, por segunda vez dejé mi casa en dirección a Europa. Mi mujer me acompañó unos cien metros, luego se detuvo y me dijo:

–No te quedes mucho tiempo. Espero que nos veamos muy pronto.

Yo me quede mirándola hasta que desapareció de mi vista. Era el 2 de agosto de 2002.

2. Mis primeros compañeros de viaje

Tomé un taxi a la estación de Serekunda, y de allí cogí un transporte hasta Basse, ciudad que, según me dijeron, era un punto estratégico en el trayecto hasta Malí. Si bien para ir a Marruecos desde Gambia el trayecto más corto es ir hacia el norte, es decir, pasar por Mauritania y Sahara Occidental, tenía que dar un rodeo hacia el este, es decir, ir en dirección a Malí y Níger, ya que el camino por el norte es extremadamente peligroso, entre otros motivos por la gran cantidad de minas antipersona que hay en el suelo de Sahara Occidental.

Llegué a Basse el mismo día a las diez de la noche. No había comido nada desde que había desayunado en casa. Después de haberme comprado algo de ropa y de haber dejado dinero a mi familia para que pudieran mantenerse, me quedaban 650 dólares, que cambié a CFA, la moneda de todos los países africanos de habla francesa, ya que me habían recomendado no llevar dólares para no atraer a los bandidos, y también porque hasta la policía podía quitármelos al ser emigrante ilegal. Obtuve unos 400.000 CFA, y con los dalasis que me quedaron compré media barra de pan con mantequilla y una taza de té, que no me alcanzaron para calmar el hambre.

En casi toda África, las estaciones de autobuses se reducen a grandes aparcamientos, vigilados por una persona. Como era la primera vez que dormía al aire libre, le pedí al vigilante del aparcamiento unos cartones para poner en el suelo, entre los coches. Cavé un pequeño hueco para poner el dinero, y encima de éste coloqué mi bolsa, que me sirvió de almohada.

Me desperté muy temprano, porque los mosquitos me volvían loco. Compré algo de carne y pan, con los que tampoco conseguí saciar el hambre. Como todo gambiano, estoy muy acostumbrado a comer arroz cada día, y cuando no lo como, me quedo con hambre. Además, como en casa estaba acostumbrado a tres comidas al día, enseguida noté que perdía peso.

Tomé un transporte hacia Tambacounda, en Senegal. El viaje fue más largo de lo previsto, porque tuvimos que hacer transbordo en Velingara. Empezaba a preocuparme lo rápido que pasaba el tiempo y lo lento que yo avanzaba.

Después, pasamos por muchos controles de seguridad y, como viajaba sólo con mi documento de identidad, en cada control tuve que pagar una multa. Entonces no sólo estaba preocupado por el tiempo, sino también por el dinero.

Llegué a Tambacounda en plena noche. Como no había ningún transporte a Kidira –otra población estratégica, situada en la frontera con Malí– hasta la mañana siguiente, intenté buscar un sitio para descansar. Estaba cansado y hambriento.

Alguien se acercó y me dirigió a un restaurante, pero tan pronto como me senté a una mesa, me quedé dormido. Me despertó la dueña, intenté explicarle que todo lo que quería era un poco de pan, pero ella reaccionó diciendo:

–Eres un ladrón. –Y empezó gritar–: ¡Ladrón, ladrón!

Enseguida se amontonó mucha gente dispuesta a golpear al supuesto ladrón y, antes de que me diera cuenta, una piedra me dio en la cabeza. Entonces alguien dijo:

–Parad, no le peguéis, creo que este muchacho vino en el mismo coche que yo desde Velingara hasta aquí.

Después, la mujer se dirigió a mí en wolof, la lengua principal de Senegal:

–Ven y siéntate.

Me pidió disculpas y me dio algo de comida. Me ofreció más de dos platos, que disfruté muchísimo, ya que llevaba algunos días casi sin comer. Y cuando le dije que dormiría en el aparcamiento, preparó un pequeño colchón en un rincón del restaurante para que pudiera descansar.

Al día siguiente, me despertó sobre las cinco. La ayudé a acomodar las mesas y sillas. Me dio un desayuno que consistía en pan, mantequilla y una taza llena de té con leche. No tuve tiempo de comerlo todo porque oí los motores en el aparcamiento, así que le di las gracias y me fui. Tenía que darme prisa, estaba haciendo un largo viaje y sólo estaba al principio de éste.

En el trayecto a Kidira conocí a mis primeros compañeros de viaje, Papa Jallow y Seedu Kassama. Eran de Basse, o al menos esto me dijeron, y no sabían hablar wolof. Yo hablaba con ellos en mandinka, un dialecto común de Gambia y Senegal, y enseguida nos hicimos amigos. Nos dijeron que podríamos tardar ocho horas para llegar a Kidira, pero nos tomó el doble de tiempo, porque tuvimos una avería y, mucho peor, un muerto, el primero de mi viaje.

Mientras el conductor cambiaba un neumático, Seedu, de 22 años, se puso a llorar de hambre y sed. No teníamos nada que ofrecerle y estábamos lejos de los pueblos. Papa, de 23, también empezaba a notar las molestias del hambre y la sed. Pero Seedu estaba realmente mal y todos empezamos a preocuparnos por su estado. Lamentablemente, no podíamos hacer nada por él. No había nadie que pudiera tratarlo ni teníamos medicinas, ni comida ni agua.

La condición de Seedu se volvió extremadamente seria, Papa empezó a llorar y a suplicar ayuda. Seedu lo llamaba:

–Papa, Papa, ven a ayudarme.

Y más tarde dijo:

–Me voy a morir. Por favor, Papa, manda este mensaje a mi familia porque no los veré nunca más.

Ésas fueron sus últimas palabras. Al girar la cabeza, cerró los ojos y descansó en paz. Yo aguanté su mano y lo llamé por su nombre dos veces, pero no hubo respuesta.

Papa se alejó corriendo algunos metros y soltó un grito de dolor, y luego se puso a gritar el nombre de Seedu, una y otra vez. Nadie pudo contener las lágrimas.

Una mujer me dio dos metros de tela para cubrir el cuerpo. Con el calor que hacía y como estábamos muy lejos de cualquier población, los restos de Seedu enseguida olerían muy mal, lo que podría causarnos alguna descompostura. El entierro debía realizarse tan pronto como fuera posible, pero ¿cómo hacerlo si no teníamos nada para cavar y hacer una tumba? Algunos propusieron hacer un funeral en los matorrales, pero otros insistieron en llevarlo a un hospital. El conductor, que tenía algo de crédito en su teléfono, preguntó en francés si alguien sabía el número de teléfono de algún servicio de ambulancia cercano. Una niña llamada Anna, que viajaba con su madre, dijo que ella recordaba el teléfono del padre de un amigo que era conductor de ambulancia en una clínica privada, pero que no sabía dónde trabajaba precisamente. El conductor llamó y después de hablar un rato en francés, nos dijo que alguien vendría a ayudar.

Papa permanecía sentado al lado del cuerpo de su amigo. Al poco tiempo, dos hombres llegaron en un camión, vestidos de amarillo y con máscaras en la cara. Después de registrar las posesiones del muchacho muerto, levantamos entre varios el cadáver y lo colocamos en un ataúd. Papa no quiso acompañar a los hombres a Tambacounda, pero les dio la dirección de Seedu y 10.000 CFA para el funeral o para su familia, en el caso de que vinieran a recoger su cuerpo. Ésta era la primera de las muchas muertes que me esperaban.

Continuamos nuestro trayecto hacia Kidira y después de algunas horas llegamos a una población grande, donde hicimos un alto de treinta minutos para conseguir algo de comida. Pero con todo lo que habíamos pasado, Papa y yo no teníamos hambre, así que continuamos el viaje sin comer e incluso sin beber.

Llegamos a Kidira, la última población fronteriza en Senegal, cuatro días después de mi partida en Serekunda. Papa y yo seguiríamos hasta Giboli, el primer pueblo fronterizo en Malí, pero no sabíamos cómo llegar. El conductor nos dijo que no era necesario alquilar un taxi, ya que estaba apenas a diez minutos a pie.

No habíamos comido desde Tambacounda, pero a pesar de que ambos intentamos comer algo del pan que tenía en mi bolsa, no pudimos. Así que, tras descansar una hora, nos preparamos para el camino hacia Giboli. Nos habían avisado que habría controles policiales y que deberíamos andar por la derecha de la carretera para evitarlos.

Papa se había vuelto muy callado y estaba muy raro. De pronto me confesó que no podía continuar debido al deterioro de su estado físico, y que ya no tenía ninguna esperanza de llegar a destino. Intenté animarlo un poco, pero sólo conseguí que se pusiera a gritar: «¡Volveré, volveré!». Lo dijo tan alto, que la policía oyó sus gritos y se nos acercó. Hablaban bambara, el idioma maliense, similar a mi lengua materna. Nos pidieron los documentos, y les mostré el mío inmediatamente. En cambio, Papa se negó, y lo esposaron. La policía nos pidió 40.000 CFA para no arrestarnos. Conseguí rebajar la multa a 10.000 CFA cada uno.

Llegamos a Giboli por la noche, y tuvimos que esperar allí hasta el día siguiente para tomar un transporte a Bamako. Compré algo de comida, pero Papa, que estaba cada vez más nervioso, no quiso probar bocado. Empezó a decirme que ya no confiaba en mí. Comí mi comida y dejé algo por si cambiaba de idea más tarde. Dormimos en el suelo, o mejor dicho, intentamos dormir, porque Papa estaba ahora al borde de un ataque de nervios, decía cosas que no entendía y deambulaba como en trance.

Por la mañana, como no había transporte directo para Bamako, tuvimos que comprar pasaje a Kayes, para desde allí seguir hasta Bamako. Después de pagar el billete, todo lo que le quedaba a Papa eran 30.000 CFA, menos del dinero necesario para llegar a Bamako. Me dijo que tenía un hermano en Alemania que podría ayudarlo a financiar el viaje, pero que no sabía cómo contactarlo.

Salimos de Giboli a las ocho y media de la mañana; el trayecto duraría un día. Papa estaba más decaído y cansado; parecía enfermo. Los demás pasajeros eran de Malí. Había dos muchachos sentados enfrente de nosotros que hablaban en bambara. Uno de ellos me preguntó a dónde nos dirigíamos, pero yo no hablaba suficientemente bien su lengua y él apenas me podía entender. Después de un rato escuchándolos hablar entre ellos, me di cuenta de que pensaban que éramos extranjeros y que teníamos dinero. Luego los oí planificar que nos asaltarían al llegar a Kayes. Advertí a Papa que se preparara para el ataque, y en vez de disimular, reaccionó gritando: «¡¿Quién nos atacará?!», de modo que los demás se sobresaltaron y él empezó a insultarlos. Afortunadamente, la cosa no pasó a mayores.

Al llegar a Kayes, por la noche, le dije a Papa que vigilara su dinero. Les había dicho a los muchachos que planificaban asaltarnos que nos quedaríamos en Kayes, pero parece que no me creyeron porque se ofrecieron a comprarnos los billetes a Bamako, con la excusa de que a nosotros nos los cobrarían más caros por ser extranjeros. Les dije que no era asunto suyo, y al fin se alejaron haciéndose los ofendidos.

Por suerte, el billete para ir en tren de Kayes a Bamako costaba 30.000 CFA, justo lo que le quedaba a Papa. A mí me quedaban 321.000 CFA.

Parecía que Papa se estaba recuperando un poco, ya que estaba más sereno. No encontramos comida en ninguna parte, así que buscamos algún sitio para dormir. En el aparcamiento no había lugar, pero encontramos una pequeña casa sin techo que olía horriblemente. Apestaba a detritus humano y a orina. No podíamos encender fuego para que nadie nos viera, así que dormimos en la oscuridad y sin comer nada.

En medio de la noche, Papa se levantó de un salto y gritando: «¡Mordida de serpiente, mordida de serpiente!». Me levanté, lo cogí de la mano y lo saqué de la casita. La sangre cubría su camisa porque estaba sangrando por los labios. No podía ver dónde lo había mordido la serpiente. Corrí hacia el aparcamiento y le pedí ayuda al vigilante. Cuando regresamos, encontramos a Papa entre la vida y la muerte. No podía hablar y no podíamos oírlo respirar. El vigilante alumbró el lugar con su linterna. Había una gran cobra en el suelo, con la cabeza tan grande como mi pie. Luego fue en busca de un palo, con el que golpeó a la serpiente hasta matarla. Después, cogió la mano de Papa y le estiró el cuerpo, sabiendo que ahora descansaba en paz y sin dolor.

–¿Muerto? –pregunté sorprendido. En vez de responderme, el vigilante llamó a los vecinos, que se llevaron el cadáver de Papa para el funeral.

Luego vino la policía y me arrestó por viajar sin pasaporte en regla. En la comisaría, me registraron por completo pero no pudieron encontrar mi dinero porque lo había escondido en la suela de mi zapato. Después de interrogarme, me llevaron a la celda número cuatro, junto a otros cuatro presos.

Un preso empezó a atacarme y acabé con mi dedo índice roto. La policía nos sacó fuera de la celda y nos pegó sin ninguna compasión. Pero enviaron a los presos nuevamente a la celda y a mí me dijeron que esperara hasta la mañana siguiente. Le pregunté al oficial cuánto quería de soborno para dejarme salir. Me pidió 20.000 CFA. Fui al baño, saqué 10.000 de mi zapato y se los ofrecí luego. El oficial me dijo que los dejara bajo el fichero del despacho y que lo esperara.

Cuando llegó la mañana, me llevaron con el primer oficial de guardia para interrogarme sobre la muerte de Papa. Les expliqué todo lo que había ocurrido con Papa y su amigo, y por todo lo que yo había tenido que pasar. Me devolvieron el documento de identidad y me pidieron que me fuera. Cogí mis pertenencias y me dirigí al aparcamiento, para preguntarle al vigilante qué harían con el cuerpo de Papa. Me contestó que iban a enterrarlo en Kayes, ya que para retornarlo a Gambia necesitaban una dirección que no tenían.

No podía creer todo lo que había ocurrido y me preocupaba qué pasaría conmigo. Había soportado el dolor y la muerte de dos personas y estaba convencido de que ninguna de sus familias sabrían jamás lo que les había sucedido; yo era el único testigo de tal desafortunada tragedia. Pero lo único que sabía de ellos es que venían de Gambia, no conocía a sus familias o contactos. Me sentía desesperanzado e inquieto. Pero debía proseguir con mis planes, no podía detenerme hasta morir o llegar a España. El hambre y la sed me superaban, así que decidí comprar algo de comida para así tal vez restaurar mi estado mental agotado.

Le pregunté al encargado del aparcamiento dónde podía comprar un billete para Bamako, y se ofreció a comprármelo él mismo. Por un momento dudé, y le dije que era capaz de comprármelo yo mismo. Pero él insistió, diciendo que había muchos pasajeros y que tal vez yo no conseguiría uno para ese día. Finalmente le di 40.000 CFA y tan pronto como lo recibió, desapareció. Lo esperé por lo menos una hora, sin darme cuenta de que jamás volvería. Ansioso, empecé a interrogar a alguna gente sobre su paradero, pero nadie me hacía caso. Por fin alguien se acercó y me informó de que la persona a la que acababa de dar el dinero no era el encargado del aparcamiento, sino un estafador.

No podía creerlo. A pesar de que mantuve mi dignidad, pronto aprendí a no ser tan inocente y vulnerable.

Intenté buscar al ladrón entre la muchedumbre, pero fue imposible. Así que me las arreglé para comprar un billete después de esperar en una larga cola. Mientras esperaba el tren, compré pan, galletas, leche y dos kilos de garri, una comida típica nigeriana, porque el camino a Bamako tomaría por lo menos un par de días.

3. Lecciones para inmigrantes novatos

Alrededor de las diez de la noche del sábado, subí en el tren que me llevaría a Bamako. En el asiento de al lado, había tres muchachos guineanos de Conakry, o eso es lo que me dijeron, que hablaban en fula, su lengua. Intenté hablarles en inglés y por suerte nos entendimos. Al parecer, para uno de ellos era su segundo viaje a Bamako, después de un primer intento fallido. Me dijo que el trayecto era muy largo y que debíamos vigilar nuestro dinero y no dormir todos a la vez, sino por turnos, porque había bandidos en el techo del vagón esperando la ocasión para robar a los pasajeros dormidos.

Me contaron también que, en su anterior viaje, de camino a Kayes, el camión había sido atacado por unos hombres armados que salieron de las malezas. Dos personas habían muerto al instante y ellos habían tenido que andar durante tres días hasta la ciudad. Me quedé impresionado. En casi dos semanas, había sido testigo de dos muertes y había oído hablar de dos muertes más, todas muertes de jóvenes como yo, y algunos de ellos casados y con familia.

Habían perdido su vida con la esperanza de llegar a Europa y sus familias nunca sabrían nada de ellos. Me puse a pensar en el futuro que les esperaba a los huérfanos y viudas de esta generación.

Era plena noche y el tren seguía su camino. Estaba inquieto y cansado por el sueño que arrastraba de varios días. Cuando llegó mi turno para dormir, les pedí a mis amigos guineanos que me despertaran después de media hora. Durante el breve descanso, llegamos a otra gran población para embarcar y desembarcar pasajeros. Los chicos enseguida me despertaron del sueño y decidimos que era un buen momento para comer algo. Como habían perdido todo su dinero y comida en el asalto, compartí mi ración con ellos. Parecía que mostraban signos de inanición. Había comprado comida para los próximos dos días, pero al haberla compartido, me quedé sin nada para el resto del camino a Bamako. Cuando el tren retomó la marcha, era el turno de descanso de Aliu, uno de los guineanos. El viaje estaba yendo muy bien y el tren corría a toda velocidad.

Sobre las tres de la mañana, oímos un sonido muy fuerte que venía de entre los vagones. Nueve de los quince vagones se habían soltado. El miedo y el terror se apoderaron de los pasajeros, pero afortunadamente nadie resultó herido, excepto uno de los bandidos. Antes de que llegara un grupo de policías y una ambulancia, todos los pasajeros salieron de los vagones. Vinieron también algunas personas de los pueblos vecinos para ayudarnos. Los demás bandidos se las ingeniaron para desaparecer entre las malezas.

Eran las cinco de la mañana cuando se concluyó el ensamblaje del tren y el camino prosiguió, y como había muchos guardias de seguridad y ya no quedaba ningún bandido, todos pudimos relajarnos y descansar. Los tres chicos guineanos y yo pronto caímos dormidos.

Llegamos a Bamako alrededor de las nueve de la noche. Tan pronto como salimos del tren, se nos acercó un grupo de jóvenes que comenzaron a interrogarnos y a ofrecernos transporte directo para Libia, Francia, España, Alemania, cualquier país de Europa. Les dije que nos dejaran en paz. Fácilmente podrían aprovecharse de nosotros e intentar robarnos. En esos lugares hay muchas bandas de jóvenes que buscan clientes para el *kocseur*, nombre con el que se conoce a quien gestiona y supervisa todas las llegadas y salidas dentro de un aparcamiento, una figura que existe en toda África subsahariana. Esta persona se encarga de cobrar a los pasajeros y pagar a los conductores, y acostumbra a ser el conductor más veterano de la zona, ya retirado.

Esta banda que nos había salido al cruce reunía potenciales pasajeros –todos recién llegados– en la estación de tren y los llevaban al aparcamiento de Sokonengke, en el centro de Bamako, donde estaban aparcados los vehículos para proseguir el viaje. Como rechazamos su oferta, nos atacaron y me apuñalaron en la mano derecha. Cuando vieron que estaba sangrando, se dieron a la fuga. El chico guineano con el que estaba también se alejó de mi lado y salió corriendo. Me saqué la camiseta y me vendé el brazo para que no me desangrara, y me añadí a unos cuantos pasajeros que tomaban un taxi para Sokonengke.

El aparcamiento estaba lleno de gente, habitantes de la ciudad, vendedores ambulantes y, en mayor medida, viajeros ilegales de camino hacia Europa. Cientos de jóvenes de todas partes de África llegan al aparcamiento todos los días, con la esperanza de ganar su libertad. Bamako es uno de los puntos estratégicos en la ruta hacia Europa; desde allí se puede entrar a Níger por Burkina Faso. Desde Níger, se puede entrar a Libia o Argelia cruzando el desierto del Sahara. Desde Argelia, para quienes no mueren de hambre y sed o calor en el desierto, sólo falta entrar a Marruecos y desde allí cruzar el mar Mediterráneo o el océano Atlántico para desembarcar en las islas Canarias. Para ningún viajero resulta fácil el viaje al «paraíso», como se llama a Europa.

En Sokonengke, otra vez fui acosado por una banda que me preguntaba adónde me dirigía. Sintiéndome asfixiado, les dije que iba a Niamey, la capital de Níger. Me advirtieron de que debería salir cuanto antes para conseguir un asiento en lo que más tarde supe era el último minibús disponible, y me acompañaron hacia el líder de la banda para comprar el billete, que costaba 20.000 CFA.

Una vez en mi asiento, se cerraron las puertas del autobús. El conductor no estaba, porque supuestamente tenía que comprar gasolina. Estuvimos esperándolo tanto que todos caímos dormidos. Al despertarnos, noté que el sol salía y pensé que era la hora de marchar. Pero ¿dónde estaba el conductor? ¿Qué se había hecho de él? Algunos de los pasajeros salimos del autobús y preguntamos al vigilante sobre el paradero del conductor. Enojado, hablé en nombre del resto y expliqué repetidamente que toda la situación era sospechosa y exigíamos saber qué era lo que sucedía. Uno de los conductores me dijo que el minibús estaba fuera de servicio por el momento, y también me confesó que algunos de estos llamados «conductores» eran en realidad bandidos que intentaban ganarse la vida con vehículos abandonados y vendiendo billetes falsos. Jamás volvimos a ver a este bandido en particular. Fue muy frustrante, pero sería la última vez que me dejaría engañar.

Al igual que nosotros, estos bandidos tenían la intención de llegar a Europa con poco o nada de dinero, así que se dedicaban a robar, a traficar con seres humanos, a buscar clientes para el kocseur, al tráfico de drogas, la prostitución, la falsificación de pasaportes, al fraude y a veces se integraban en grupos guerrilleros rebeldes en los países por donde iban pasando. Pocos tienen suerte y nuevas oportunidades; la mayoría sólo encuentra una vida muy dura. Muchos de ellos han dejado sus hogares hace varios años, y saben que no regresarán, y si lo hicieran, sería con vergüenza. Prefieren arriesgar su vida antes que enfrentarse a la humillación de volver a casa. Un muchacho me contó que había perdido 3.000 euros en manos de estafadores. Quería volver a su casa pero no tenía dinero, así que acabó él mismo en la estación buscando a los recién llegados para contentar al kocseur y recibir una pequeña cantidad suficiente para sobrevivir.

Al rato, apareció otro conductor diciendo que tenía un minibús a nuestra disposición, o mejor dicho para los que podían pagar otro billete a 40.000 CFA. El kocseur, que era el jefe de este conductor, nos dejó ocupar un sitio en el aparcamiento para dormir, ya que estábamos muy cansados. Nos dijeron que el trayecto iba a ser largo y que posiblemente íbamos a partir por la tarde. Pero pasaron dos semanas y cada día el kocseur nos repetía que pronto saldríamos.

Todos estábamos impacientes. Dormíamos al aire libre y no teníamos dinero para comida. La mayoría de nosotros veníamos de Senegal, otros de Nigeria, Guinea, Ghana, Malí y Gambia. Yo seguía comiendo de mis pequeñas provisiones de pan, mantequilla, galletas y leche, para mantener mi fuerza y salud mental, que ahora parecían declinar lentamente. Me quedaban 181.000 CFA. Pensé en mi amigo de Canadá, que tal vez podría enviarme algo de dinero, pero no tenía su número de teléfono. Podía contactar con mi familia en Gambia y que ellos me lo dieran, pero no había hecho ningún contacto desde que me había ido, y sería impertinente por mi parte llamar sólo para pedir ayuda, así que tuve que aguantar con el poco dinero que me quedaba para el largo trayecto.

Un día, los pasajeros llegamos a un acuerdo: si el kocseur no venía inmediatamente con algún transporte o nos reembolsaba lo que habíamos pagado, lo mataríamos. Éramos, al fin y al cabo, setenta y cinco viajeros, todos inmigrantes ilegales que no podíamos utilizar el transporte local porque había muchos controles policiales.

A la mañana siguiente, cuando vino el kocseur, lo rodeamos exigiendo la devolución de nuestro dinero y lo amenazamos con matarlo si no lo hacía. Algunos de los pasajeros sostenían simples armas de defensa, palos, cuchillos y piedras; era la única oportunidad para salir de allí. No podía escaparse, no esta vez. Habíamos aguantado suficiente tortura mental y física.

Enseguida aparecieron otros conductores para calmarnos, nos aseguraron que habría transporte para nosotros esa tarde o al día siguiente.

Era mejor negociar con el kocseur que denunciarlo a la policía, que también nos extorsionaría y tendríamos menos posibilidades de recuperar nuestro dinero.

Pero a pesar de nuestras amenazas y sus promesas, no pudimos salir esa tarde como nos prometieron, sino al día siguiente. Partiríamos a las dos de la tarde hacia Níger, pasando por Burkina Faso, por lo que posiblemente el viaje duraría cuatro días.

Partí hacia Niamey, junto a setenta y cuatro viajeros, alrededor de las diez de la noche, a bordo de un autobús con capacidad para veinticuatro personas. El equipaje estaba en el techo del vehículo.

La temperatura era tan alta y había tanta humedad que empezamos a quejarnos, porque no íbamos a aguantar viajar durante días en esas condiciones. Al cabo de un rato, la gente empezó a impacientarse y a enojarse. Sugerimos al conductor que detuviera el autobús para tomar un poco de aire, y como se negó, el pánico se apoderó de todos y cuatro personas saltaron por la ventana, mientras el vehículo seguía su marcha. Aún hoy no sé qué fue de esas personas.

La mayoría de los pasajeros seguía gritando por falta de espacio y sofocación, especialmente las chicas. Le suplicamos al conductor que parara, pero éste en vez de frenar aceleró aún más. Tal vez la música que escuchaba le ocultaba nuestros gritos. Más pasajeros se tiraron por las ventanas. Sólo al cabo de un rato, el conductor detuvo el autobús.

Fuera, después de haber inspirado todo el aire que pude y estirar piernas y brazos, me enfrenté al conductor junto a otros pasajeros. ¿Qué le costaba detener un momento el vehículo? Pero su única respuesta fue sacar un arma y decirnos:

–Callaos todos.

Hubiera preferido morir antes que ser testigo de tanta inhumanidad.

Corrí por donde habíamos venido en busca de las personas que habían saltado. Encontré a dos que estaban ya muertas. Una chica había caído justo encima de un árbol y una rama le había perforado el estómago. Intentamos sacar la rama, pero fue imposible. Cubrimos los cuerpos con sus ropas. Antes de retornar al autobús, el conductor insistió en que lleváramos los cuerpos hacia las malezas, lejos de la carretera, para que no pudieran seguirnos el rastro. Y luego nos pidió que nos laváramos las manos y las ropas, por si la policía nos detenía. Todo se hizo en cuestión de minutos.

Reanudamos nuestro camino, intentando mantener la calma. De hecho, había más espacio, había seis personas menos, y respirar era más fácil. Pero la jornada continuó con mucho desasosiego. Los nigerianos lloraban por sus seres queridos. Por mi parte, estaba desconcertado, hambriento y cansado. Soportaba el peso de otra persona encima de mis piernas. Aunque ya no me molestaba, no después de lo que acabábamos de presenciar.

Alcanzamos la frontera entre Malí y Burkina Faso alrededor de la una de la tarde. Durante la noche, todos los controles de policía fueron evitados hasta que llegamos a las puertas de Bobo-Dioulasso, la segunda ciudad en importancia de Burkina Faso. El control policial se realizó sin problemas, cada uno de nosotros tuvo que pagar 1.000 CFA como tarifa de entrada y no nos hicieron demasiadas preguntas. Cuando terminaron las formalidades, nos dejaron cruzar por el centro de la ciudad, hasta un aparcamiento donde teníamos que esperar para continuar hacia Níger, según nos habían dicho los hombres del kocseur antes de dejar Bamako. Por eso nos sorprendimos al enterarnos de que no había transporte directo hacia Níger, y que la única posibilidad era ir a Uagadugú, la capital de Burkina Faso, desde donde podríamos continuar hacia Niamey. Aparentemente, el kocseur sólo había pagado al conductor para llegar a Bobo-Dioulasso y no para todo el camino hasta Niamey, mientras que nosotros le habíamos dado el dinero necesario para llegar a Niamey. Muchos de los pasajeros, como yo, no teníamos dinero para pagar un pasaje a Uagadugú y de allí a Niamey. Además, al no haber un autobús disponible en ese momento, debíamos pasar la noche en Bobo-Dioulasso.

A pesar de que uno de los aprendices de chófer me dejó dormir en la furgoneta de su jefe, dormí muy poco, porque el hambre y los calambres me despertaron enseguida. Conseguí que en un restaurante me dieran un plato de saltamontes fritos y un vaso de agua. Los dejé sobre una mesa y fui a orinar. Al regresar, me encontré con que unos niños hambrientos se estaban repartiendo mi comida. Me contaron que no tenían dónde vivir ni qué comer; la mayoría venía de países vecinos buscando trabajo. Compré más comida y me quedé hablando con ellos. En muchos casos, estos niños son separados de sus familias y forzados a trabajar sin paga, para más tarde ser expulsados a las calles. Algunos son incluso luego esclavizados por otras familias. Mientras me contaban todo esto, se me pasó el hambre y regresé al aparcamiento.

El kocseur llegó por la mañana temprano, formamos una cola para comprarle el pasaje, que valía 20.000 CFA, sólo de Bobo-Dioulasso a Uagadugú. Aquellos que no podían pagarlo rogaron por un pasaje gratuito, pero fueron rechazados. Así que sólo los que pagamos subimos al camión, con nuestros galones de agua y nuestras escasas provisiones de comida.

Viajábamos en un camión que estaba en muy malas condiciones. En total éramos sesenta y cinco hombres y dos mujeres. Nuevamente todos empezaron a impacientarse por la falta de espacio; encima, el camión iba muy despacio y el tiempo de llegada iba a ser el doble de lo esperado. Viajamos toda la noche peleando por quién debería ir de pie y quién se sentaba sobre quién. El conductor decía que no podía parar el camión porque una vez detenido sería difícil volverlo a poner en marcha. Algunos vomitaban, debido al humo del motor que enrarecía el poco aire que teníamos para respirar. Yo estaba sentado en una esquina y cuando el camión saltaba, algunos pasajeros se caían sobre mí, y al levantarse, me aplastaban una y otra vez. Llegó un momento en que ya no pude moverme, y me desvanecí.

A la mañana temprano, cuando finalmente el conductor detuvo el camión y todos salieron, yo me quedé dentro. No tenía fuerzas. Me dieron alguna medicina y un vaso de agua y el conductor me permitió sentarme un rato delante, junto a él, para que me relajase.

Después de una hora de descanso, la jornada prosiguió. A medida que el sol alcanzaba altura, el motor del camión iba levantando temperatura y teníamos que usar nuestra agua potable para enfriarlo. Más tarde, el conductor paró el camión y nos pidió que saliéramos y nos escondiéramos entre las malezas hasta la noche, cuando retomaríamos el viaje, para no estropear más aún el motor.

Nos escondimos entre unos arbustos que nos permitían no ser vistos pero que no nos protegían del sol y del calor. No teníamos más agua, porque la habíamos utilizado para enfriar el motor. Decidí no comer nada, a pesar del hambre, porque pensé que sería peligroso comer sin beber en el estado en el que me encontraba.

Reiniciamos el viaje por la noche, y otra vez el conductor me dejó sentar a su lado, ya que continuaba muy débil. El camino siguió en las mismas condiciones hasta que a las siete de la mañana llegamos a Uagadugú, desde donde podríamos continuar hasta Níger e intentar llegar a Argelia o posiblemente Libia, al otro lado del desierto. Lo primero que hice al llegar fue comprar una taza de café para acompañar el pan y la mantequilla que todavía me quedaban. No alcanzó para saciar mi hambre, pero debía minimizar mis gastos por que no tenía mucho más dinero.

Esperamos en el aparcamiento todo el día para nuestro próximo transporte, ya que el camión que nos había traído no podía continuar a Niamey y los otros transportes iban completos con pasajeros locales, y no podíamos ir en el mismo transporte que ellos.

A las seis en punto, llegó un kocseur en otro camión y nos pidió 40.000 CFA para ir de Uagadugú a Niamey porque, según nos dijeron, el trayecto era tan largo que necesitábamos más gasolina para llegar. Compré comida y un barril de diez litros de agua, porque cruzaríamos el desierto. Mientras esperaba el transporte, me puse a observar a la gente del lugar, que iba y venía muy atareada. Parecía haber muchos vividores también, que intentaban conseguir un viaje gratis. Pero para todos ellos, las posibilidades de alcanzar Europa eran sólo un sueño, que jamás cumplirían.

A las ocho de la noche se nos dijo que subiéramos al camión con todos nuestros suministros de agua y comida.

Me esperaban dos días de viaje para llegar a Niamey. Éramos setenta y cinco pasajeros con Europa como destino final.

Al cabo de una hora, la rueda frontal del camión se soltó y el vehículo inmediatamente salió de la carretera en dirección hacia la cuneta. El pánico se apoderó de los pasajeros, y varios se tiraron por las ventanas, aunque enseguida el conductor pudo parar el camión y enderezarlo.

Nos bajamos para buscar la rueda y a los pasajeros que se habían lanzado, que resultaron ser los muchachos guineanos que había conocido en la estación de Kayes. Los reconocí porque llevaban las mismas ropas que entonces, un mes atrás. Uno de ellos murió al caer y otro tenía las manos rotas. Fui a pedirle ayuda al conductor, y al volver, encontré al de las manos rotas también muerto.

Me sentía responsable por ellos, porque era el único que los conocía y podía decirse que era su amigo. Le pedí al conductor que lleváramos los cuerpos en el portaequipaje, pero se negó porque con nuestro equipaje ya no quedaba espacio. No obstante, dijo que avisaría a la policía y que yo debería explicarle lo ocurrido. Pero los pasajeros se negaron, porque temían enfrentarse a la policía y terminar en la cárcel por viajar ilegalmente. Así que decidimos dar a los fallecidos un entierro simple, cubriéndolos con ramas de los árboles. Antes, revisé los bolsillos de sus ropas y encontré sus pasaportes de Malí y 60.000 CFA, que propuse repartir entre los niños hambrientos que seguramente encontraríamos al llegar a Niamey. Me despedí de mis amigos recitando una oración sobre sus cuerpos.

Mientras tanto, se encontró la rueda, que entre varios volvieron a colocar en el camión. Y con dos horas de retraso, retomamos el viaje.

4. La llegada al desierto

Tras entrar en Níger, alrededor de las cinco de la tarde, el conductor paró el camión para que pudiéramos descansar y comer alguna cosa, ya que no habíamos comido desde Uagadugú. Comí y bebí de mis provisiones, sabiendo que pasaría mucho tiempo hasta la próxima parada, pero algunos pasajeros estaban tan débiles que ni siquiera podían comer. El descanso no duró mucho, porque el conductor quería aprovechar la noche para atravesar el desierto, así que nos apresuramos a subir al camión y retomamos la marcha.

Durante la noche, oí gritos e insultos a cada rato, porque, si bien éramos menos pasajeros, todavía íbamos muy apretados, lo que provocaba discusiones y peleas. No paramos en toda la noche.

Después de haber contemplado tanta muerte y miseria, el espectáculo que ofreció la salida del sol en el desierto fue un regalo para el alma. Camellos y otros animales que no conocía era lo único que se observaba. Luego descubrí a algunas mujeres que sacaban agua de un pozo con la ayuda de un camello: descendían los cubos con una cuerda atada al camello y los subían luego llenos de agua. Las mujeres recorrían luego largas distancias con los cubos cargados de agua. La belleza del paisaje era impactante, pero no podía disfrutarla plenamente porque una corazonada me alertó de lo difícil que sería atravesar el desierto, cuyos moradores deben luchar tanto para conseguir agua.

Cuando se hizo de día, el conductor paró nuevamente el camión y nos dijo que nos escondiéramos entre las malezas, hasta que el sol se pusiera. Hacía mucho calor y no había ningún árbol para protegernos del sol. Yo usaba el agua que tenía para ir remojando mis ropas y así reducir la temperatura corporal cada cinco minutos. Antes de que cayera la noche, dos pasajeros ya habían muerto. No los conocía, pero alguien me dijo que eran de Freetown, la capital de Sierra Leona, y que los había encontrado en Guinea-Bissau hacía cuatro meses.

–No hay tiempo para un entierro –dijo el conductor, y nos ordenó que subiéramos al camión para el trayecto nocturno hacia Niamey. Dejamos los cuerpos atrás. El dinero que se encontró en sus ropas se lo quedaron unos amigos.

Esta vez el viaje fue muy silencioso porque todos estábamos cansados y la muerte de aquellos dos muchachos nos había causado un gran escalofrío.

Llegamos a Niamey el sábado casi a la medianoche. El país estaba pasando por una época difícil políticamente y habían extremado las medidas de seguridad. Tuvimos que cruzar el puente del río Níger a pie.

Cuando llegamos al puesto de control, los oficiales me obligaron a dejarles 40.000 CFA, el ochenta por ciento del dinero que había intentado asegurar de mis camaradas de Guinea, que habían muerto en Burkina Faso. Como no poseía ninguna documentación legal, ningún documento de identidad, no tuve más remedio que darles el dinero. Yo no era el único en esa situación, por lo que los oficiales de la policía consiguieron reunir una gran suma de dinero de todos los pasajeros.

Después de la inspección y los interrogatorios, pudimos regresar al camión que nos llevó a la estación central de autobuses, donde nos ordenaron permanecer hasta la mañana siguiente, debido al toque de queda de medianoche.

A las ocho en punto de la mañana empezaron a llegar otros pasajeros y más conductores. Me percaté de que había una gran cantidad de jóvenes yaciendo medio dormidos por todas partes en la estación. Algunos habían pasado la noche en vehículos y otros habían improvisado una cama debajo de camiones desvencijados.

De desayuno, comí mi ración diaria de pan y agua, tal como había venido haciendo desde que salí de casa. Mientras esperábamos nuestro transporte hacia Agadez, la ciudad comercial de Níger, se me acercó un grupo de jóvenes que me informaron de que si tenía intención de llegar a Francia, Italia, Alemania o Trípoli, ellos me podían proporcionar el transporte. No mostré ningún signo de interés, porque no quería que me engañaran otra vez. Uno de ellos, que parecía ser de Gambia, me habló en mandinka y trató de entablar una conversación, preguntándome de dónde era y mi nombre. Cuando le dije que venía de Gambia y que me dirigía a Trípoli, me convertí inmediatamente en uno de sus «hermanos», y me pidió que me quedara sentado y esperara. A los pocos minutos había regresado con un poco de pan y de carne, que comí con muchas ganas. Cuando me quedé satisfecho, me invitó a su casa, invitación que no acepté, por temor a perder el autobús. Pero me dijo que no había ningún transporte para Agadez, a no ser que fuéramos a la estación de autobuses del aparcamiento, así que nos pusimos a andar.

Fuimos hasta donde estaba el kocseur, quien me llevó junto a un montón de pasajeros que esperaban el siguiente autobús. Me quede atónito cuando entré en una habitación grande y sin techo y vi a tal cantidad de hombres y mujeres, algunos durmiendo en el suelo, otros cocinando alguna cosa. Había también mujeres embarazadas, rodeadas por sus hijos pequeños. Pero sólo setenta y cinco de esas personas tenían pasaje; el resto sobrevivía, con poca comida y en esa fría sala de espera. Muchos de ellos eran del África occidental y se habían quedado sin dinero para proseguir su camino, y no podían tampoco regresar a sus casas.

Mientras esperábamos el transporte, que posiblemente llegaría al día siguiente, decidí comer algo en un café cercano. Tal y como había visto antes en Burkina Faso, un grupo de niños pedía comida en la entrada del café. Enseguida salió la dueña y los echó.

Cuando comí el primer puñado de saltamontes fritos, me vinieron ganas de vomitar. Mientras me dirigía al baño, los niños que me habían estado observando inmediatamente se abalanzaron sobre mi plato. Luego pedí cinco platos más, para que pudieran comer con tranquilidad, lo cual fue imposible, a pesar de que intenté enseñarles a comer sin lamer los platos, masticando lentamente, y a lavarse las manos antes de tomar la comida. Mis consejos les entraban por una oreja y les salían por la otra. Hay un dicho que dice: «Un hombre hambriento es un hombre enfadado».

Después de pagar la comida, compré más pan para el viaje y me puse a esperar junto a los demás pasajeros. Un nigeriano me contó que tenía unas chicas bonitas y que por 100 euros podría tomar la que quisiera y llevármela a Europa. Le pregunté por qué comercializaba a su propia gente y me contestó que había llegado con ellas desde Nigeria y que había pagado mucho dinero por su comida y transporte, y ahora intentaba recuperar su dinero. Había acordado con ellas que le devolverían el dinero tan pronto como llegaran a Europa y se pusieran a trabajar, pero llevaban nueve meses en Niamey. Le di algo de dinero para que pudiera comprar comida para él y sus chicas.

A las nueve de la noche vino el kocseur y nos dijo que alrededor de las diez tendríamos un transporte. También nos aconsejó comprar suficiente comida para cubrir los próximos dos días de camino.

El camión no tenía lugar para acomodar nuestros pesados equipajes, así que nos sentamos con nuestras posesiones entre las piernas. Nos tomó una hora acomodarnos. Después de otra hora de espera, emprendimos la marcha.

Los dos días de viaje hasta Agadez resultaron ser otra dura prueba. El camión no parecía estar en buenas condiciones, no había ventilación y el aire fresco era muy limitado. De ochenta y cinco pasajeros, diez eran chicas jóvenes, dos de ellas embarazadas y una con su bebé, que había nacido en el viaje (no sabía quién era el padre porque ejercía la prostitución para obtener dinero y poder continuar el camino). El conductor le ofreció el pequeño sitio que había al frente del camión para que madre e hijo estuvieran más cómodos, con la condición de que pagara el doble por el pasaje o accediera a tener sexo.

Al cabo de unas cinco horas, el cansancio y la incomodidad empezó a caldear el ánimo de algunos pasajeros, especialmente el de unos chicos de Liberia y dos de Burkina Faso, que discutían sobre quién debía ir sentado y dónde. Los burkineses tiraron fuera a los liberianos. Una mujer embarazada cayó al suelo por los empujones. El conductor permanecía indiferente a todo, incluso parecía que aumentaba la velocidad. Yo no podía creerlo.

Lo que ocurrió luego dentro del camión fue simplemente inverosímil. Los muchachos de Burkina apuñalaron a otro chico de Liberia, que murió en unos minutos. Un joven de Burkina también halló la muerte al ser apuñalado en el estómago. Algunos pasajeros, en estado de shock, se lanzaron fuera del camión. Un espectáculo horroroso.

El conductor seguía completamente indiferente, pero cuando vio que nos acercábamos a un control policial, salió de la autovía y condujo el vehículo hacia la maleza. Detuvo el motor y salió de la cabina sosteniendo un arma. Nos dijo que evacuáramos el camión deprisa y tiráramos los cuerpos en un socavón cercano. No tuvimos otra opción, ya que nunca dejó de apuntarnos con el arma.

Después de enterrar como pudimos a los muertos, tuvimos que limpiar toda la sangre del camión, con hojarasca y con nuestras propias manos. Todo se realizó muy deprisa y en silencio. Al terminar de limpiar, el conductor le dio el arma a su compañero para que nos vigilara y reiniciamos el camino, esta vez por el bosque, para evitar los controles de la autovía.

En total, se habían perdido nueve vidas de ochenta y cinco. Nueve personas habían muerto con la esperanza de alcanzar Europa. Todos los pasajeros estábamos hambrientos, pero resultaba imposible comer con el hedor a sangre que impregnaba el ambiente.

Como si no hubiéramos tenido suficientes problemas, durante la noche, a unos 100 kilómetros de Agadez, tuvimos un pinchazo. Conseguir un neumático nuevo nos llevaría dos o tres días, y dado que toda el agua se había utilizado para limpiar la sangre, el conductor nos aconsejó hacer el resto del viaje a pie, como él mismo haría para buscar una rueda. Algunos pasajeros decidieron esperar hasta que se hiciera de día, por temor a perderse en el camino.

Empezamos a caminar campo a través a las once de la noche. Iba acompañado por dos muchachos nigerianos, la chica con el bebé y los dos conductores. Después de cinco horas, la chica, que llevaba al bebé en su espalda dijo que era incapaz de continuar. Había perdido a su compañero en la pelea y no sabía dónde estaba su amiga embarazada. Nosotros también estábamos muy cansados y hambrientos, y necesitábamos desesperadamente agua. La deshidratación nos afectaba física y mentalmente y los conductores no querían detenerse a descansar. En un arrebato de pánico, la chica tiró el bebé al suelo. Sabía que el bebé no sobreviviría mucho tiempo más, y que llevarlo encima haría que ella también muriera de cansancio. La pobre no dejaba de gritar y llorar. Yo, y creo que todos, sentíamos un cierto remordimiento por no poder ayudarla, pero no sabíamos cómo hacerlo, y además debíamos pensar en nuestras propias vidas. No había más alternativa que seguir andando.

Un momento más tarde, oímos un grito agudo. Era la chica, que había caído al suelo, agonizante. A pesar de que los conductores tenían poca compasión, nos permitieron recogerla. Cuando nos acercamos, apenas se las arregló para indicarnos con señas adónde deberíamos mandar su documentación gastada. A los pocos minutos estaba muerta.

Poco después de la tragedia, proseguimos la caminata, bien entrada la noche. Éramos sólo cinco personas. No tengo idea de cuántos sobrevivieron de los ochenta y cinco que dejamos atrás.

Alrededor de las ocho de la mañana, llegamos a un pequeño pueblo situado en medio de las arenas del desierto. Ni siquiera los conductores lo conocían, así que andábamos con cuidado, porque no sabíamos a qué tribu pertenecería ni la lengua en la que hablaban.

Al entrar, los conductores reconocieron la lengua. Observé que las mujeres se cubrían la cabeza con una tela enrollada, y que había chicos y chicas acarreando leña, sacando agua del pozo y realizando otras tareas. Al percatarse de nuestra llegada, nos ofrecieron agua y carne de camello. Yo dudé en beber lo que parecía agua refrescante y pedí agua caliente. Estaba confuso después de ver tanta muerte y no quería que algo contaminado terminara con mi vida. Dos chicos bebieron el agua fría, y no había pasado mucho tiempo cuando empezaron a gemir de dolor de estómago, y en aproximadamente un minuto ambos cayeron al suelo. Uno de ellos soltó unos gritos de dolor y murió. Intentamos rescatar al otro, haciéndole beber agua hervida con unas hierbas preparada por los lugareños.

Nos informaron de que había un cementerio local muy cerca, especial para los viajeros que mueren debido al calor del desierto. Allí, en la arena del desierto, enterramos a nuestro compañero. Dejamos una piedra sobre su tumba.

Regresamos al pueblo y seguimos comiendo carne de camello.

Agadez quedaba apenas a unos 50 kilómetros. Unos lugareños nos dijeron que si les dábamos 40.000 CFA, nos encontrarían alguien para llevarnos en un 4 x 4. Como no había alternativas por el momento, cada uno de nosotros pagó 10.000 CFA para el viaje. Nos ofrecieron una casita vieja para que descansáramos hasta el atardecer.

Eran las nueve de la noche cuando nos ordenaron que nos preparáramos. Nos dieron veinte litros de leche de camello para el largo camino que nos esperaba. Salimos del pueblo en media hora y llegamos a Agadez sobre las seis de la madrugada.

A unos cuatrocientos metros de la localidad, había un control, así que el conductor nos hizo bajar del vehículo y seguir a pie por un camino alternativo para evitar los controles.

Diez minutos después, estábamos en Agadez. Los dos conductores insistieron en que los acompañáramos hasta donde se encontraba un senegalés, que conocía al kocseur del lugar.

Encontramos al senegalés junto a un montón de jóvenes que dormían en el suelo. Al parecer, ellos también eran viajeros en la lista de espera para ir a Trípoli, la capital de Libia. Los conductores nos pidieron que descansáramos en el suelo, sin hablar, y luego se marcharon.

Era aún temprano cuando comimos algo y el kocseur, sabiendo que éramos los recién llegados, nos solicitó el pago de 40.000 CFA para asegurarnos transporte hasta Trípoli, un viaje que nos podría llevar tres días.

Cuando le dije al senegalés que era de Gambia, me dio la mano como señal de respeto, ya que éramos casi compatriotas, y me dijo:

–Ahora somos hermanos.

Se llamaba Sori. Tras un poco de conversación, sobre todo acerca de Senegal y de su familia, me regaló 10.000 CFA.

A las diez de la noche llegó un camión grande, al que subimos todos los pasajeros que habíamos pagado, contentos por poder seguir el viaje, y a la vez muy temerosos.

5. Si sientes dolor, es que aún estás vivo

Dejamos Agadez a las 10.45, camino hacia Trípoli. El sol quemaba y el polvo de la arena dañaba aún más nuestra piel. Era necesario tomar agua cada diez minutos para calmar el dolor en nuestras gargantas. Íbamos a viajar durante tres días en estas condiciones.

El camión estaba lleno de chicas y chicos con sus grandes provisiones de agua y no pasó mucho hasta que surgieron disputas y luchas. Nadie podía dormir, salvo cuando había un cambio de conductores; aunque duraba sólo un minuto, lo aprovechábamos para dormir.

Sobre las nueve de la noche, un grupo de hombres armados con fusiles rodeó el camión y nos hicieron bajar. Yo creía que eran tuareg, los habitantes del desierto, o miembros rebeldes de Argelia. Nos obligaron a ponernos de rodillas sobre las rocas y quitarnos toda la ropa. Dispararon tres veces al aire. Después cogieron nuestra documentación, nuestras posesiones y, lo más importante, todo el dinero que teníamos. Si no acatábamos sus exigencias, Dios sabría lo que pasaría.

En vez de llevarnos al desierto, los conductores nos habían llevado hasta donde se encontraban los bandidos, que estaban esperando nuestra llegada escondidos en los matorrales. Poco sabíamos, pero parece que el kocseur previamente había pactado todo con los bandidos.

Yo había escondido mi dinero dentro de una barra de pan. Una chica de Eritrea que estaba a mi lado sacó el poco dinero que tenía y que había llevado dentro de su ropa interior y se lo tragó. Desgraciadamente, uno de los hombres armados la vio.

Nos separaron entre hombres y mujeres. Vaciaron nuestras ropas haciendo una pila en el suelo mientras iban cogiéndolo todo, principalmente el dinero. Algunas personas habían escondido su pequeña fortuna en la suela de sus zapatos, pero enseguida lo descubrían. Yo decía una y otra vez que no tenía nada y no dejaban de preguntarme: «¿Dónde está?», hasta que un hombre me dio unos golpes brutales en la cabeza, con un arma. Perdí el conocimiento y caí al suelo, y aún me golpearon más veces. Estuve inconsciente durante un rato, hasta que me levanté, muy aturdido. Rápidamente recobré el conocimiento y sabía que si no confesaba dónde estaba mi dinero, iban a matarme allí mismo.

Fuimos obligados a ponernos boca abajo. Nos daban patadas con sus zapatos, que tenían hierro en la suela. Cuando llegaron a mi lado, uno me preguntó por mi nombre. Mi respuesta lo sorprendió, porque su padre también se llamaba Kalilu. Me hizo levantar. Otro hombre me apuntó con el fusil y me ofreció asiento. Me senté y vi cómo interrogaban a las chicas. La chica de Eritrea que había tragado su dinero se puso a llorar y repetía que no tenía nada. Entonces, delante de nosotros, la violaron. Cuando el hombre satisfizo sus necesidades, cogió un cuchillo y rajó el estómago de la chica.

Nunca había presenciado un acto tan brutal, tan bárbaro y tan inhumano. Si aún me quedaba algo de fuerza, la usé para rezar a quien estaba por encima de nosotros.

La chica murió en poco tiempo y ellos sacaron el dinero de sus entrañas.

Inmediatamente después las demás mujeres entregaron todo su dinero sin vacilar y fueron llevadas a una cueva. Nosotros debíamos permanecer fuera. No nos dejaban ponernos la ropa, porque pensaban que no nos atreveríamos a escapar desnudos.

Durante toda la noche, los bandidos se dedicaron a golpearnos y a buscar más dinero. Las mujeres, además, fueron abusadas sexualmente. Desde fuera de la cueva, podíamos escuchar sus súplicas y gritos.

Alrededor de las ocho de la mañana, a unos cuatrocientos metros de la cueva, intentamos enterrar el cuerpo de la chica de Eritrea, pero sólo pudimos cubrirlo con dos rocas. Lo que vimos entonces fue aterrador. Si en algún sitio había un cementerio, allí estaba. El área entera estaba cubierta de huesos humanos, tal vez de pasajeros que al igual que nosotros intentaban llegar a Europa. En el Sahara era común ver esqueletos y cráneos blanqueados por el sol tan caliente.

Los restos de quienes habían muerto allí no servían de comida para animales, porque en el desierto no hay ningún animal. Así que se iban resecando poco a poco por el sol, hasta quedar sólo los huesos.

A las dos de la tarde liberaron a las mujeres y nos dijeron que podríamos partir, aunque no sabíamos qué dirección deberíamos coger. Los ladrones armados nos devolvieron algo de nuestra comida, incluido mi pan, y diez litros de agua de los veinte que teníamos.

Cuando ya llevábamos un rato caminando, nos enviaron a dos *gidos*, jóvenes locales que conocen bien el terreno y guían a los inmigrantes por el campo, de un destino a otro, hasta llegar al mar. Hay una cadena muy bien organizada de estos grupos por toda África en las rutas más importantes hacia Europa. Estos gidos nos llevarían hasta Libia. Ingenuamente, pensé que se trataba de un buen gesto de los ladrones, ¡pero qué tonto era! Cada uno de nosotros teníamos que pagarles 10.000 CFA por sus conocimientos para cruzar el desierto. Les expliqué que los bandidos nos habían quitado todo el dinero, así que nos propusieron guiarnos durante cinco días hasta Libia. No se habló más del tema y empezamos a andar.

El kocseur había hecho un trato con los ladrones: nos quitarían el dinero y luego nos acompañarían durante un trecho. Esta táctica la aplicaban con muchos viajeros.

Seguimos caminando durante el resto del día, y nos encontramos con tumbas improvisadas o cadáveres secándose al sol. Cuando se hizo de noche, buscamos un sitio razonablemente seguro para poder descansar y tomar algo de comida.

Al día siguiente, continuamos nuestro viaje muy pronto por la mañana. Los gidos nos llevaron por la montaña, que ascendimos con grandes dificultades. Los rayos de sol quemaban nuestras espaldas, y pronto las chicas empezaron a llorar porque estaban al límite de sus fuerzas. Algunas se quitaban la ropa, pieza por pieza, tirándola a sus pasos.

Sobre las cinco de la tarde, una parte del grupo alcanzamos la cumbre; el resto se había quedado atrás, unos dos kilómetros más abajo, para ahorrar fuerzas. Pedí a los gidos que los esperásemos, así yo podría descansar un poco también. Pasó casi una hora hasta que llegaron todos, ilesos pero muy débiles. Seguimos caminando hasta las nueve, cuando nos permitieron descansar hasta la mañana siguiente. Había sido un camino muy duro y estábamos al borde de la desesperación; si alguno iba a tener un ataque de nervios, ése era el momento.

Pero el tercer día de viaje sería más duro aún: debíamos cruzar el Sahara con una escasa provisión de comida y agua, que no alcanzaba para todos. A las once de la mañana ya habíamos dejado atrás a ocho personas, cinco chicas y tres chicos. A pesar de darles ánimos para que continuaran, no estaban en condiciones de hacer ningún paso más. Poco después de nuestra despedida, algunos estaban casi muertos.

No obstante, nuestro viaje continuaba bajo el fuego del sol del desierto. Pronto perdimos a dos jóvenes más.

En total, diez personas de las ochenta y cuatro habían muerto ese día. Hambre, sed, deshidratación y la falta de fe las habían llevado a la muerte. Para los gidos, las muertes continuas eran simplemente un hecho normal en su vida diaria.

El cuarto día era una prueba no sólo para nuestra resistencia física sino también para nuestra fuerza de voluntad. Solamente algunos pocos de nosotros teníamos suficiente agua y comida para afrontar esta etapa del viaje. Debíamos atravesar otra montaña alta. Y sabíamos que no todos lo conseguirían.

Algunos íbamos por delante incluso de los gidos. Pero la ascensión sin agua pudo con muchos otros. El sol quemaba literalmente. Era como atravesar el fuego. Cuando se acabó el agua, bebimos nuestra propia orina, a la que añadimos sudor para hacer el sabor menos desagradable.

Sobre las dos de la tarde, perdimos de vista a unas veinte personas; se habían quedado muy atrás y quizás se habían desorientado. Los gidos se negaron a esperarlos, porque ellos también tenían poca comida y agua. Nos dijeron que, en el caso de que llegáramos a Libia, tardaríamos como mínimo un día y medio más. Así que no había más opción que seguir.

Llegamos al quinto día del viaje. Al contar el número de personas, éramos cuarenta y cuatro en vez de los ochenta y cuatro que habíamos partido juntos. Quedaban sólo cuatro mujeres. Habíamos perdido a cuarenta personas. Los gidos dijeron que habíamos llegado a la etapa final de este viaje. La esperanza de llegar a Libia nos hizo caminar todo el día y toda la noche a su ritmo, que no era nada lento. No había que pensar en las piernas cansadas ni en el sol, sólo caminar. Alguien alguna vez me dijo que si sientes el dolor, es que aún estas vivo. Afortunadamente, no había que subir más montañas, pero el sol nos quemaba durante el día y los vientos nos congelaban por la noche. Nunca había visto la película *Lawrence de Arabia*, pero sabía de las pruebas que los personajes habían debido superar en el desierto, que seguramente se parecerían a las que debíamos superar nosotros. Claro que lo nuestro no era una película sino la pura realidad.

Nuestros pasos se volvieron incluso más rápidos, debido a que el calor de la arena quemaba nuestros pies. A las dos de la tarde, los gidos nos dejaron descansar un poco, porque algunos chicos daban señales de estar a punto de morir. Me esforcé en orinar en una botella que aún tenía un poco de azúcar y les di la botella para que bebiesen, pero desgraciadamente no era suficiente ni para apagar la sed de una sola persona. De pronto, los gidos se levantaron y nos informaron de que las personas que querían seguir tenían que marcharse inmediatamente, y los demás, que esperasen a que sus almas pudieran descansar en paz. Los que decidimos seguir dejamos atrás a los cuatro chicos que quedaron a la espera de una muerte totalmente cruel.

Caminamos durante cinco horas sin parar, hasta que siete personas cayeron al suelo, entre ellas una joven. Como de costumbre, los gidos no tenían tiempo que perder e insistieron en que siguiéramos caminando, ya sabíamos cuál sería el desenlace con estas pobres víctimas deshidratadas y no podíamos permitirnos perder tiempo sólo para acompañarlas. Así que seguimos andando.

A lo lejos, se oía el eco de las personas abandonadas que decían: «Por favor, ayudadnos, no nos dejéis solos aquí, por favor ayudadnos». No pudimos ayudarlos, los gidos lo habían prohibido. Además, los pocos que habíamos quedado teníamos que pensar en nuestras propias vidas y desafortunadamente no estábamos en condiciones de ayudar a nadie. Después de todo, estábamos huyendo de nuestros países para poder sobrevivir.

Durante la noche, apretamos el paso. Llegar a Libia era la fuerza que nos empujaba. Hambre y sed se tenían que borrar de nuestras mentes. Tras una caminata de cuatro horas, de la nada y como un regalo del cielo, apareció una luz tenue en la distancia. Era la frontera con Libia. Y fue el estímulo que necesitábamos para llegar a nuestra meta.

Mientras tanto, los gidos aumentaban su velocidad, conscientes de que aún faltaban como mínimo tres horas más para llegar a territorio libanés. Caminamos en un silencio absoluto, imprescindible teniendo en cuenta las altas medidas de seguridad en las fronteras. Después de hora y media, alrededor de las cinco de la madrugada, llegamos a Ghat, una población cercana a la frontera.

Entramos en Libia después de haber caminado siete días cruzando el desierto del Sahara. Sólo quedaban muy pocos de nuestro grupo y los que habíamos sobrevivido el auténtico calvario estábamos en unas condiciones lamentables. A nuestra llegada, nos encontramos con un hombre de Malí quien amablemente nos llevó a su *fuwai*, como se llama a los barracones abandonados donde viven inmigrantes en su ruta hacia Europa. Hay numerosos fuwais en Libia, Argelia y Marruecos. A veces albergan hasta ciento cincuenta personas y más, en condiciones higiénicas muy precarias.

Antes de darnos comida y agua, nos pidieron que nos tendiéramos en el suelo en línea. El hombre de Malí nos cubrió con un mantel grande y nos echó agua fría. De ese modo, la humedad duraría más tiempo en nuestros cuerpos. Nos quedamos así durante una hora o más. ¡Qué placer y alivio el agua fría en nuestras espaldas! Aún tendidos en el suelo, el hombre de Malí nos trajo una sopa y media taza de agua caliente para cada uno. Estábamos tan agotados, que pasaron dos horas más antes de que todos pudiéramos abrir los ojos y hablar propiamente. Poco a poco fuimos recuperando nuestra fuerza.

No fue antes de las ocho de la mañana siguiente cuando fuimos capaces de tomar un poco de comida sólida y de mascullar algunas palabras. Por mucho que intentábamos comer, no era una tarea fácil, porque nuestras bocas y cuellos estaban irritados y secos. Aún estábamos muy agotados y por lo tanto relajarnos era lo único importante en aquel momento.

En el fuwai había ciento diez habitantes habituales y otros veinticinco que eran viajeros en tránsito hacia Trípoli. Algunos de los hombres que estaban a cargo de los fuwais llevaban muchos años viviendo en Libia. La mayoría había venido de países de África occidental, con la intención de ir a Europa.

Por la noche, el jefe del fuwai llegó del trabajo y nos convocó a una reunión de urgencia para discutir nuestra situación. Nos explicó cuáles eran las reglas dentro de los fuwais, y la más importante era que cada persona debía ir al fuwai destinado para su país. Cuando preguntó cuánta gente había de Gambia, yo fui el único que levantó la mano. Veinticinco eran nigerianos y el resto de Malí. Entonces procedió a enseñar a cada grupo dónde estaban sus correspondientes fuwais. Como yo era la única persona de Gambia, me invitaron al de Malí. Después de que todos los recién llegados encontramos nuestro sitio, nos compraron algo para el almuerzo, que comimos en pocos minutos.

Durante el día, los nuevos no nos movimos de nuestros sitios, porque nuestras piernas estaban hinchadas todavía, y nuestros pies se habían quemado andando en la arena descalzos. La gente de Malí eran expertos en primeros auxilios para quienes habían resistido el Sahara. Cogieron una cuchilla de afeitar y suavemente abrieron la piel de nuestras piernas para dejar salir algo de sangre y así estimular la circulación y evitar coágulos.

A los dos días, ya era capaz de ponerme en pie y mantener el equilibrio. Pasé una semana junto a la gente de Malí y en consideración a sus cuidados les entregué dos dinares, la moneda de Libia, por cada día que había estado allí, para contribuir en los gastos de los malienses, que tenían que pagar el alquiler de los barracones. Nos habían cocinado, lavado, curado y, lo que era más importante, sanado nuestras almas.

Después de algún tiempo en el fuwai, pedí al jefe organizar un transporte para los que teníamos dinero para pagar el viaje a Sabha. Sólo podía ser en un vehículo de contrabando, porque si no la policía nos detendría. Después de realizar el pago y fijar el día de salida, todos estábamos preparados.

6. Olvidar y continuar

Dejé Ghat a las nueve de la mañana, apiñado con otra persona en el maletero de un coche, donde no entraba nada de aire. Mover la cabeza era imposible para mí. El otro muchacho era mucho menos alto que yo y no parecía tan estresado. Sólo sudábamos.

Después de algunas horas de viaje en esas condiciones, el muchacho comenzó a llamar dando golpes, esperando que el conductor se detuviera. Pero éste sólo escuchaba la música de la radio. El muchacho me dijo en bambara, la lengua de Malí que apenas conocía:

–Voy a orinar ahora.

No estaba seguro de haber entendido bien. Por si acaso, le rogué que no lo hiciera encima de mí, pero, evidentemente, no pudo aguantar más, así que los dos acabamos cubiertos de orina, y el maletero también. Me enfadé con él, pero no tenía sentido discutir en esa situación. Seguimos con el mal olor hasta que finalmente el conductor paró el coche a la mañana siguiente, a las afueras de Sabha.

Al abrir el maletero, salimos inmediatamente porque el olor de la orina era muy fuerte. Me sentía tan frustrado y enfadado con el muchacho de Malí que quise pegarle y no me resultó fácil controlarme.

Después de una hora aproximadamente, nuestra ropa empezó a secarse y entonces juntamos suficiente coraje para ir a la ciudad. La primera persona que vimos era nigeriana. Antes de que le dirigiéramos la palabra, nos enseñó un álbum de fotos de chicas muy guapas, y nos pidió que eligiéramos una. Naturalmente había un precio: 20 dinares por chica. Le expliqué que los dos acabábamos de llegar del Sahara y que estábamos buscando fuwais de Gambia o de Malí. Enseguida nos acompañó a uno de Malí. A nuestra llegada, inmediatamente nos llevaron ante el jefe. Le expliqué que estábamos de camino a Trípoli y que necesitábamos algún transporte que nos llevase hasta allí. Contestó que no era ningún problema, sólo teníamos que pagar 25 dinares y un depósito para los gastos de un mes para el fuwai, aunque yo no pensaba quedarme tanto tiempo. Después de acordar el cambio de dinero, ya que yo solamente tenía CFA, pagué los 25 dinares y también devolví lo que me había prestado el muchacho de Malí en dinares.

Había como mínimo doscientas personas en aquel fuwai, gente de todas las regiones de África. Allí pensaba pasar un par de días, pero tuve que estar más de un mes, porque ya no tenía mucho dinero para continuar el viaje.

Con el fin de encontrar algún trabajo para poder llegar a Trípoli, iba cada día, como muchos otros jóvenes, a un sitio de encuentro con empresarios que buscan empleados para trabajos ocasionales, especialmente domésticos. Después de dos semanas sin conseguir ningún empleo, un conductor que pasaba al lado de la carretera me preguntó si necesitaba trabajo. Su padre había muerto hacía dos días y se había realizado en su casa un gran homenaje, y ahora él necesitaba ayuda para limpiarlo todo, especialmente el área de la cocina. El salario era de diez dinares diarios y el horario era desde la mañana temprano hasta las dos de la tarde. Enseguida estábamos firmando un contrato de una semana para limpiar platos y utensilios.

El segundo día de trabajo, mi jefe me ofreció amablemente un sitio para dormir en una de sus habitaciones. ¡Dormir dentro de una casa y no al aire libre! En el fuwai era imposible descansar debido a las personas que continuamente llegaban desde Túnez, país limítrofe con Libia. Un día llegó un grupo de aproximadamente setenta muchachos que habían sido detenidos en el mar mientras se dirigían en un velero desde Túnez hacia Italia. Habían estado encarcelados durante un mes, donde sufrieron torturas y fueron obligados a hacer trabajos forzados en campos militares, antes de ser deportados a la frontera de Libia.

Después de una semana de trabajo arduo, recibí mi salario que, para mi sorpresa, fue mucho más de lo pactado. En vez de pagarme 70 dinares, el empresario puso 700 dinares en mi mano y me dijo que era «zagat», es decir, caridad. La misma noche volví a hablar con mi jefe del fuwai.

Le dije que quería partir al día siguiente hacia Trípoli. Me recordó que no podía coger ningún transporte público ya que no tenía documentación y había controles policiales en todo el recorrido. La única solución sería subir en un camión contenedor por 150 dinares. Había uno disponible para el día siguiente.

Muy pronto por la mañana, me compré unos tejanos y una camiseta nuevos para poder cambiarme la ropa maloliente que llevaba. Luego me escondí en un aparcamiento para evitar ser visto por la policía, hasta que al cabo de unas horas apareció el camión. El camionero me llevó a la puerta trasera y me indicó un sitio muy estrecho entre metales, barras de hierro y acero. Entonces se cerró la puerta. En pocos segundos estábamos en la carretera.

Dejamos Sabha a las diez de la mañana con dirección a Trípoli. Me esperaba otro viaje sin espacio y con dificultades incluso para respirar. Cada vez que el camión pasaba por un bache, las barras de acero me empujaban contra la puerta. El conductor ni se percataba de mis sufrimientos y ciertamente no podía escucharme.

Dentro del contenedor, la oscuridad era total. Parecía que estaba condenado a viajar eternamente luchando por respirar, pero me esforcé por no dejar decaer mi ánimo. No me iba a rendir ahora, no después de todo lo que había soportado.

Llegamos a Trípoli a la mañana siguiente. Cuando se abrió la puerta del camión, a pesar de tener una necesidad brutal de salir y estirar mis piernas, no fue sencillo. Mis piernas estaban rígidas por falta de circulación sanguínea. El conductor me ayudó a sostenerme sobre mis pies, pero no fui capaz de dar ni un solo paso. Y me caí al suelo.

Me llevaron a una casa donde me dieron primeros auxilios, sobre todo para que la circulación volviera a su flujo normal. Tardé dos horas o incluso más hasta sentir fuerza en mis piernas. Logré hablar con un hombre de Guinea y le pregunté si conocía a gente de Gambia que viviera allí. Al cabo de un rato, me llevaron a unos barracones gambianos, donde casualmente encontré al hermano de un amigo a quien había conocido en Gambia a los 10 años, aunque él no me reconoció. Me dieron comida y agua. Después de comer, me quedé dormido en una butaca.

Eran las dos de la madrugada cuando me levantaron, me llevaron a tomar un baño y me dieron ropa limpia. Estaba muy cómodo y me sentía como si estuviera de vuelta en casa, con mis hermanos, mi propia familia. Necesité dos semanas para que se curaran mis dolidos pies y se calmara el dolor de mi cuerpo, y también el de mi mente.

Mi prioridad era entonces encontrar cualquier trabajo, para continuar con mi viaje a través de Argelia hasta Marruecos. Pero no había muchas oportunidades de trabajo allí, así que viví en Trípoli tres meses sin trabajo, sin visa ni documentación. El noventa y cinco por ciento de los jóvenes que dejan sus hogares con la esperanza de alcanzar Europa nunca lo consiguen, se quedan a medio camino hasta que terminan aceptando su fracaso.

Decidí que yo no me rendiría, y por eso contacté con mi amigo de Canadá, para pedirle un poco de dinero para continuar el viaje. Como no tenía su número de teléfono, no me quedó otra opción que llamar a mi mujer para que me lo diera, pero como hacía tanto tiempo desde la última vez que nos habíamos visto y hablado, sería complicado hablar con ella. Finalmente reuní valor y la llamé, y pudo darme el teléfono de mi amigo.

Mi amigo se enfadó cuando le dije que quería irme, pero le expliqué que tenía mis razones y que no era mi intención herir o dañar a mis seres queridos. Mi estado de ánimo no era muy bueno, y no tenía ganas de escuchar opiniones contrarias o críticas hacia mis opciones personales. Al final, mi amigo me envió 2.000 dólares, que recibí muy contento aunque también muy inseguro acerca de lo que me esperaba.

Le conté al jefe del fuwai sobre mis planes para continuar hacia Marruecos. Miré el mapa, cogí suficientes alimentos y vestimentas y el domingo por la noche, después de cenar, le dije adiós a los amigos que había hecho durante mi estancia.

Llegué al aparcamiento en el centro de Trípoli, donde debía encontrarme con el grupo de cuatro jóvenes con los que iba a viajar. Nos presentaron y nos saludamos. Cambiaron mis dólares por dinares y me compraron el billete, cuyo precio nunca me revelaron. Y, a continuación, todos los pasajeros subimos al minibús que nos llevaría a Gadhames, una localidad de frontera entre Libia y Argelia. Esta parte del viaje prometía ser una de las más agradables desde que había salido de mi pueblo, ya que el coche tenía asientos confortables y ¡aire acondicionado! Y también música, que no había oído desde hacía tiempo. Éramos veinticuatro pasajeros en total, cuatro negro-africanos y el resto de Libia.

Al principio del viaje, se hicieron varias paradas para comprar comida, durante las cuales me daba mucho miedo de que apareciese la policía de un momento a otro. Pero afortunadamente no encontramos ningún control policial.

Los cuatro chicos con los que estaba viajando eran Musa y Demba, también de Gambia, y Nfa Ansu y Mendy, de Senegal. No sabía en qué localidad habían nacido por aquello de que era mejor no dar nunca esa información. Lo que sí escuché es que Nfa Ansu y Mendy habían estado en Libia casi veinte años intentado conseguir dinero para llegar a España. Musa y Demba habían dejado Gambia hacía unos ocho meses y habían estado varios meses en Trípoli.

Al llegar a Ghadames, a la mañana siguiente sobre las ocho y media, fuimos recibidos por una pareja senegalesa. Como muchos otros que viven en poblaciones situadas en el camino hacia Europa, eran traficantes, a la búsqueda de viajeros que pasan por allí en su ruta para alcanzar Argelia. Cuando encuentran inmigrantes ilegales en su camino al mar, llaman a sus contactos de Argelia, para que les envíen guías para acompañar a los viajeros hasta Argel. A su vez, tienen grupos de contacto también en Trípoli, por eso allí ya nos habían hablado de estos senegaleses.

La pareja nos llevó a su refugio por un camino rápido y corto, para evitar cualquier patrulla de policía. Cuando llegamos, nos ofrecieron desayuno y un lugar para descansar. Después de un rato, la mujer apuntó nuestros nombres en una libreta y nos dijo que tenía contacto con un general que era comandante militar en la frontera con Argelia, en Debodebu, quien podría enviarnos un gido para llevarnos hasta esa localidad, y desde allí nos podría proveer otro transporte hasta otra ciudad de Argelia, Ghardaïa, también un punto estratégico en la ruta a Europa.

Aceptamos su oferta y pagamos 20.000 dinares a la mujer. No supimos cuánto le pagaron al gido, pero está claro que ellos también tienen que ganar dinero.

Pasamos un día allí y la mujer nos preparó una comida muy buena, por la que le dimos 25 dinares para ayudarle con los gastos y por su amabilidad. Incluso fue ella misma a comprarnos la comida y el agua para el viaje, porque siempre había vecinos que podrían delatarnos. Compró todo lo que necesitábamos. Nos pasamos todo el día escondidos en el refugio, hasta las nueve de la noche, cuando la mujer nos avisó que el gido estaba esperándonos.

Nos llevaron hasta donde estaba el gido en un taxi, escondido en un bosque al lado de la carretera principal. Los gidos también se escondían para evitar ser vistos por la policía. Allí nos encontramos con otras personas que también viajaban guiados por otros hombres de contacto. En total, éramos treinta y dos hombres, todos de África del este, a punto de comenzar otra etapa del viaje con el gido de Debodebu. Éste nos preguntó si alguno hablaba árabe; sólo Nfa Ansu y Demba podían hablarlo, ya que habían vivido mucho tiempo en Libia. Luego nos informó de que el viaje duraría toda la noche y nos advirtió de que no hiciéramos ningún ruido, ya que había hombres de seguridad controlando el bosque.

El gido era muy conocedor de la zona y un experto en escalar montañas. Su principal prioridad era nuestra seguridad y sabía evitar cualquier control policial.

Era época de lluvias y los granjeros estaban recogiendo sus cosechas en los campos. Como había llovido mucho y el terreno estaba demasiado húmedo, se nos hizo muy difícil caminar con zapatillas de deporte y la carga de comida y agua. El gido no estaba dispuesto a perder nada de tiempo. Su carga era más pequeña que la nuestra, por eso podía andar más rápido y pretendía que nosotros siguiéramos su ritmo. Pero nuestro viaje había empezado hacía mucho tiempo, en mi caso en Gambia, y no teníamos ni la misma fuerza física ni de espíritu. Habíamos descansado y comido muy poco y habíamos sufrido mucho. Muchos viajeros simplemente no podían más.

Llevábamos medio camino, siguiendo al gido y subiendo una montaña tras otra, cuando dos chicos de Malí enfermaron de malaria, según el diagnóstico de sus amigos.

Eran incapaces de escalar y de seguir andando al ritmo del gido. No tuvimos otra opción que dejarlos en la montaña. Como sabían que estaban a punto de morir, entregaron su pasaporte y su dinero a sus compañeros de Malí. Sus últimas palabras fueron de disculpas para todos nosotros por haber fracasado y hacernos perder tiempo. Mientras intentábamos consolarlos, el gido siguió andando, por lo que tuvimos que correr para alcanzarlo. No nos quedaba más remedio que dejar a los dos chicos morir en paz, y solos.

Dos horas más tarde, todo el mundo estaba muy cansado y pedíamos al gido un descanso, pero su única respuesta fue que no era posible y que teníamos que continuar. Algunos de los viajeros estaban tan cansados que tiraron su comida y su agua. Mientras andábamos a través de las montañas, nos cruzamos con cinco cuerpos sin vida, de personas que probablemente habían muerto de hambre y sed, porque no había rastros de agua ni latas de comida, ni tenían señales de haber sido maltratados o robados. Eran tres mujeres y dos hombres.

Después de pasar al lado de los cuerpos y escalar una montaña de cien metros por encima del nivel del mar, mi amigo Nfa Ansu, apodado «el León», se cayó de la montaña y fue rodando cuesta abajo hasta la parte más baja. Estábamos ya casi en la cima cuando oímos sus gritos de socorro, que enseguida dejaron de oírse. Quise ir abajo a buscarle, pero el gido no me dejó. Junto con mis tres compañeros, nos abrazamos y lloramos por Nfa Ansu. Bajar a buscarlo significaría posiblemente la muerte, y además el gido no estaba dispuesto a esperar nuestro regreso; otra vez, la única opción era olvidar y continuar.

Aproximadamente a las cinco de la mañana, después de andar sin descanso, comenzamos a vislumbrar las luces que venían de Debodebu. El gido nos ordenó que nos tumbáramos en el suelo para esperar al conductor del general, que nos recogería con un coche. Éste llegó en pocos minutos, en un Nissan de doble cabina, al que nos hicieron entrar inmediatamente. Los veinticinco que quedábamos fuimos apretujados en el coche con capacidad para quince. Y así llegamos a Debodebu.

Nos recibió el general, quien nos proveería el transporte hasta Ouargla, por el que teníamos que pagarle 10.000 dinares cada uno. Los que no tenían el dinero tuvieron que quedarse escondidos en el bosque, con pocas posibilidades de continuar el viaje y muchas de ser finalmente descubiertos y deportados.

Los que pagamos el siguiente trayecto, también tuvimos que escondernos en el bosque hasta que llegara el transporte. De pronto, empezó a llover y nos empapamos. Esperamos bajo la lluvia y mojados unas cuatro horas. El frío nos calaba los huesos y estropeaba nuestra comida.

Hacia las siete de la mañana, llegó el coche del general y un Land Rover, al que nos hicieron entrar, junto con nuestro equipaje mojado. El vehículo pertenecía a los nómadas tuareg, que son los que tienen mayor conocimiento de todo el camino de contrabando. Trabajaban bajo el mandato del general. Cuando finalmente los veinticinco pasajeros y el equipaje mojado estaban dentro del vehículo, el conductor necesitó otras dos personas para que le ayudaran a cerrar la puerta, ya que no cabíamos todos en el interior. Enseguida empezaron los gritos de auxilio, pidiendo que abrieran la puerta porque las condiciones en las que viajaríamos eran asfixiantes.

Salimos de Debodebu con la esperanza de resistir cuatro días en el desierto hasta llegar a Ouargla, en Argelia, con nuestra ropa mojada aún y muy cansados.

El conductor no abrió la puerta en todo el día, para evitar que los hombres de seguridad nos descubriesen y ahorrarse la multa que le pondrían. Así que viajamos todo el día apiñados y con dificultades para respirar. Prácticamente no podíamos movernos. Y el llanto y los gritos de algunos pasajeros enseguida se hicieron oír.

Nos dimos cuenta de que estábamos cruzando las dunas, porque el coche saltaba de arriba abajo, y los que estaban de pie caían encima de los pasajeros sentados. Los conductores no parecían estar preocupados. Con los saltos, algunos fueron pisoteados, y, con la sofocación y el cansancio, quedaron en muy malas condiciones. Cinco personas que habían sido pisoteadas comenzaron a mostrar signos de agonía. Fue necesario llamar la atención de los conductores dando golpes a los lados de las paredes del coche para que de una vez consideraran nuestra situación y pararan.

Cuando finalmente el vehículo paró y se abrió la puerta, los que no estaban heridos bajaron. De los que quedaban heridos en el coche, era difícil determinar quién respiraba aún y quién estaba muerto. Entonces sacamos a todos fuera y los tendimos sobre la arena. Los conductores les tiraron un litro de agua sobre la cabeza y nos ordenaron que nos alejáramos.

En unos cinco minutos, los que estaban vivos se levantaron, mientras que los demás comenzaron a sangrar por las nariz. Al poco tiempo, el conductor nos confirmó que cinco personas habían perdido la vida. Entre ellos se encontraban Mendy y Musa. Grité sus nombres una y otra vez, pero no hubo ninguna respuesta. Me acerqué a sus cuerpos y caí de rodillas, sin decir ni una palabra. Un compañero vino a mi lado, me recogió del suelo y me dio un poco de agua para calmarme.

Los conductores insistieron en que enterráramos los cuerpos inmediatamente, porque podríamos ser cogidos por los guardias de seguridad, y si eso ocurría, nos deportarían.

Después de hacer el entierro, recogí los documentos y las posesiones de mis amigos. El dinero que encontré sumaba 200 dólares y 8.000 dirhams, la moneda de Marruecos. No hallé ninguna dirección ni ninguna otra pista para poder contactar con sus familias. En este viaje, el trato era que si alguien fallecía, el amigo más cercano se quedaba con sus pertenencias.

Continuamos el viaje con cinco personas menos. Los conductores no mostraban ningún gesto de compasión o tristeza, incluso parecían muy divertidos, como si nada hubiera ocurrido. Nosotros, los viajeros, estábamos en estado de shock y con los ojos llenos de lágrimas.

Viajamos hasta las dos del mediodía, cuando el conductor paró y nos llevó a un escondite en las dunas, mientras ellos descansaban en sus casas del desierto. Visto que era el momento de descanso, abrí mi bolsa húmeda y saqué el pan rancio y una lata de sardinas, que comí con mis manos aún manchadas de sangre. La arena ardía y nosotros estábamos sin agua. Esperamos allí hasta la medianoche, cuando los conductores regresaron de sus casas, con veinte litros de agua que se negaron a compartir con nosotros. Nos dijeron que subiéramos y esperáramos a beber en el siguiente pueblo.

Continuamos el viaje hacia Ouargla, atrapados dentro del vehículo, cansados y emocionalmente exhaustos, durante lo que nos pareció una eternidad. Nuestra provisión de agua se había terminado y tampoco teníamos pan. Para salvarnos, decidimos orinar en la lata de sardinas vacía y conservar la orina con azúcar y leche en polvo, pero ninguno de nosotros pudo orinar. Todos estábamos deteriorados físicamente.

A la mañana siguiente, paramos de nuevo en un escondite, donde nos prometieron agua, aunque ya casi no teníamos esperanzas de sobrevivir hasta que el agua llegara. Además, el mismo ritmo de parar y esperar bajo un sol ardiente era muy agotador. Nos pusimos a llorar.

Salir a buscar agua en el desierto no era prudente ni había muchas posibilidades de éxito. El desierto es un laberinto, uno se puede perder con facilidad. No obstante, cuatro chicos de Malí se arriesgaron y se fueron a buscar agua; nunca volvimos a verlos. Mientras tanto, otro chico murió de hambre y de sed. Y no fue hasta las ocho de la tarde cuando los conductores volvieron con agua de sobra. Otros tres chicos malienses estaban ya medio muertos. Los conductores, indiferentes a su sufrimiento, les dieron una taza de agua, pero los pobres, aún tumbados en el suelo, no podían tomar ni un sorbo. Y otra vez retomamos el viaje dejando solos a nuestros amigos de Malí que estaban muriendo lentamente. Antes de irnos, recogí sus documentos y posesiones.

Llevábamos dos días cruzando el desierto y sin comer ni beber. El cansancio se apoderó de nosotros, no podíamos ni siquiera hablar, reinaba un silencio total. El único sonido era el de la música que el conductor escuchaba. Durante la noche entraba cierta brisa, pero durante el día soplaba un viento caliente y la temperatura alcanzaba los 65º.

A la mañana temprano divisamos unas luces. «Tal vez sea Ouargla», pensé. De pronto, el coche se detuvo y nos abrieron la puerta mientras uno de los conductores repetía: «Venga, deprisa, vamos». Habíamos alcanzado nuestro destino y debíamos irnos. Nos dejaron allí y siguieron su camino. Sólo quedábamos catorce de los veinticinco que habíamos partido de Ghadames

Nos quedamos solos y no sabíamos qué dirección debíamos tomar, no había una ruta para seguir y aún estábamos en medio del desierto. Sólo se veía un pequeño pueblo. Escalamos una montaña y vimos a lo lejos una ciudad; ésa sí tenía que ser Ouargla. Propuse acercarnos hasta el pequeño pueblo para obtener agua, que era la prioridad en ese momento

Llegamos tras andar cuarenta minutos y encontramos un grupo de niños. Al vernos, éstos empezaron a tirarnos piedras y a gritar llamando a la policía. Rápidamente corrimos hacia el desierto para escondernos.

Cuando por fin perdimos a los niños de vista, decidimos ir directamente a Ouargla. Algunos se negaron a continuar, porque ya no aguantaban más. Así que sólo cuatro seguimos adelante, y nunca más volvimos a ver a los que prefirieron quedarse.

Sabíamos que teníamos que encontrar a los contactos de la pareja senegalesa, a quienes tendríamos que pagar para que nos pasaran de contrabando a través de Argelia hasta Maghnia, un pueblo cercano a la frontera con Marruecos. Continuamos andando sin comida ni agua. Después de subir muchas montañas, pudimos ver Ouargla, y paramos a descansar en el único sitio decente que encontramos. Conseguimos llegar a Ouargla al mediodía, totalmente agotados y con náuseas. Por el camino, habíamos conocido a un hombre nómada, con quien intentamos comunicarnos en inglés, pero no podíamos comprender lo que decía. Le hice señales desesperadas con las manos, para que se diera cuenta de que necesitábamos agua y comida. Afortunadamente llevaba un poco de agua encima, que nos bebimos en segundos. El hombre nos indicó que lo siguiéramos y nos llevó hasta su refugio, en las afueras de Ouargla. Nos guió por la puerta trasera para que no nos viera nadie. Una vez dentro, nos hizo entrar a un corral donde había un montón de ovejas. Ahí nos hizo meter, con unas veinte ovejas en un espacio de tres metros cuadrados. Los cuatro rompimos en llanto.

Al cabo de un rato, el hombre regresó y nos hizo salir fuera del corral. Traía agua y un poco de pan seco. Nos dijo que lo esperáramos hasta que él contactara con unos negroafricanos que conocía para que nos ayudaran. Cuando le pregunté si tenía algo para remojar el pan, nos respondió que usáramos el viejo cubo donde comían las ovejas, y añadió que comiéramos rápido, para que entráramos al corral nuevamente porque él tenía que cerrar la puerta. Rompimos el pan a trozos y lo remojamos en el agua. No había nada más a mano y nos ayudó a superar la debilidad. Y después de todo, el corral era mejor para descansar que la caliente arena del desierto, a la que ya nos habíamos acostumbrado últimamente.

Fue una noche muy calurosa a la que siguió la lluvia. En el corral empezaron a notarse las goteras del techo. No podíamos salir porque la puerta estaba cerrada desde fuera para nuestra seguridad. Enseguida pareció que estábamos a la intemperie por la cantidad de agua que caía, lo cual hubiera sido mejor, porque el corral pronto se convirtió en un gran estanque, con un suelo de comida podrida, excrementos y orina de los animales. Así pasamos la noche.

Cuando finalmente el árabe regresó, estaba acompañado por un chico de Malí, que dijo que nos llevaría a su casa. Lo seguimos por un camino hasta su fuwai. Antes de entrar al refugio, el chico nos hizo bañar, ya que estábamos muy sucios y nuestras ropas estaban aún empapadas y olían a orina, y nos dio ropa vieja para cambiarnos.

Su casa sólo albergaba a inmigrantes que habían estado perdidos en el desierto, y a otros que esperaban su oportunidad de alcanzar Europa. Pero a nosotros nos llevó a otra casa, donde otros setenta y cinco inmigrantes, jóvenes procedentes de distintas regiones africanas, estaban escondidos. Allí nadie podía hacer ruido, ni siquiera toser. La mayoría yacían estirados en el suelo, por lo que era difícil andar. La casa olía a ropa sucia y era obvio que la gente estaba cansada, delicada de salud y con claros síntomas de malnutrición. Se sirvió la comida en pequeños trozos colocados dentro de tres platos, que eran dispuestos en una larga mesa. Algunos comieron más de lo que les tocaba y otros se quedaron sin nada.

Después vino el hombre de Malí para explicarnos cómo funcionaba el sistema. Se llamaba Babading Keita y era el jefe del fuwai. Llevaba trabajando allí desde hacía tiempo y conocía a varios muchachos que probablemente podrían guiarnos a cualquier destinación, sin que la policía interviniera. El precio hasta Argel era 80.000 dinares por persona. Intenté regatear, pero sólo me dijo: «Éste es el precio, es lo que hay». Si no pagábamos, tendríamos que permanecer allí, pagando por la comida y viviendo en condiciones muy incómodas. Aparentemente, muchos ya habían pagado el pasaje. Así que, junto a otros cuatro chicos de Malí, pagamos nuestros billetes y fuimos instruidos sobre los detalles del viaje.

7. Perdidos en medio del desierto

Eran alrededor de las diez cuando llegó un taxista que pronunció nuestros nombres. Recogimos nuestras bolsas y lo seguimos hasta el taxi, que nos llevó a la estación de autobuses, en el centro de Ouargla. Como ninguno de nosotros llevaba carné de identidad ni ninguna clase de documentación, la deportación era un temor que siempre estaba presente.

En la estación, nos encontramos con el gido, quien fue a comprarnos los billetes y, ya que teníamos mucha hambre, le dimos dinero también para que comprara comida. Así lo hizo, y además nos compró desodorante porque dijo que todos olíamos muy mal. La verdad es que aunque nuestra ropa estaba sucia, el desodorante ayudó a camuflar nuestro mal olor. Cuando llegó el autobús, subimos y nos sentamos atrás junto al gido.

Dejamos Ouargla a las once de la noche. Era el trayecto en el que mejor viajábamos hasta ahora: no sólo estábamos sentados y con aire acondicionado, sino que además había televisión. Era como un pequeño paraíso. Después de todo, habíamos pagado un precio muy alto por el billete. Durante la noche, sólo pasamos un control policial y no hubo problemas.

Llegamos a Argel a la mañana temprano. Nos bajaron del autobús y nos dijeron que esperáramos otro transporte. Mientras esperábamos, junto con otros cuatro chicos de Malí, llegó un grupo de policías que nos pidió los pasaportes. Nos hablaban en inglés, pero no contestamos, porque nos habían dicho que no hablásemos mientras estuviéramos en Argelia, para hacernos pasar por malienses, ya que para ellos no es necesario llevar visa en Argelia. Si descubrían que procedíamos de otros países de África del este, nos deportarían a Malí.

Cuando el oficial de policía cambió su lenguaje al árabe, le contesté en bambara, esperando que me tomaran por maliense. En un instante, la policía nos puso las esposas y nos llevó a la comisaría para interrogarnos.

Después de haber declarado, un guardia nos informó de que estábamos detenidos y que deberíamos pasar los tres meses siguientes en la cárcel de Ghardaïa. Nos metieron en la celda número cuatro. En nuestra primera noche en prisión, además de pasar hambre y sed, tuvimos que soportar el mal olor de los excrementos humanos que estaban esparcidos por todo el suelo de la celda.

Por la mañana temprano, nos llevaron a la prisión de Ghardaïa. En un cuartucho del edificio nos obligaron a desnudarnos para registrar completamente nuestros cuerpos antes de que entráramos en la celda. Por suerte, no encontraron el dinero que llevaba escondido en las suelas de mis zapatos.

Éramos catorce personas en la celda. Durante nuestra estancia allí, de tres meses, nos servían pan y leche para desayunar, para comer y para cenar. La celda que ocupábamos era extremadamente pequeña, pero luego metieron a nueve prisioneros más. Dormíamos en el suelo, duro y frío, sin ni siquiera una manta. El cuarto de baño era muy precario. Cada vez que tiraban de la cadena del inodoro, la celda se inundaba. Cuando faltaban diez días para terminar la condena, dos de los chicos de Malí se pusieron gravemente enfermos, y los llevaron a la enfermería.

Después de tres meses encarcelados, el servicio de inmigración de Ghardaïa nos deportó a In Salah. Esposados, nos metieron en una furgoneta policial. Los chicos enfermos, que fueron recogidos del hospital, no podían sentarse, así que estaban tumbados en el suelo de la furgoneta sin recibir ninguna medicación y vestidos con los camisones del hospital. Estaba prohibido hablar. Era una imagen humillante.

Después de siete horas de viaje, llegamos a In Salah, donde fuimos encarcelados inmediatamente en la celda número dos. Por entonces, los chicos de Malí habían empeorado muchísimo. La celda era incluso más sucia que la de Ghardaïa. Estaba llena de insectos invisibles pero que picaban muy fuerte, y que enseguida irritaron nuestros cuerpos.

La primera noche en la celda no hubo ni comida ni agua, y nadie a quien poder pedirle algo. A la mañana siguiente, un oficial abrió la puerta de la celda y dijo:

–Buenos días, salid fuera.

Pero sólo dos chicos y yo obedecimos, porque a los dos chicos enfermos les fue imposible levantarse. Le rogué al policía que nos diera comida y agua ya que llevábamos dos días sin comer. Cuando nos trajo algo, los dos chicos enfermos no pudieron comer nada. Aunque el oficial se ofreció para llamar a una ambulancia y llevarlos al hospital, el policía encargado rechazó la petición, aludiendo que no era necesario llamar la ambulancia pues en dos horas nos llevarían a todos a Tamanrasset, otra ciudad de Argelia.

Efectivamente, dos horas más tarde llegó una furgoneta de la prisión, en la que volvieron a meternos esposados, y otra vez los dos chicos enfermos viajaron echados en el suelo, mirándonos con el terror de quien sabe que va a morir. Uno de ellos sufría una fuerte diarrea.

En Tamanrasset, los enfermos fueron llevados a la enfermería y nosotros dos a una celda, donde no nos dieron comida ni agua. La celda era muy grande, albergaba a cientos de prisioneros, todos inmigrantes ilegales de diferentes regiones africanas, en espera de la deportación a Malí. Había algunas chicas embarazadas, que probablemente se habían prostituido para pagar su billete hasta Europa. O tal vez habían sido violadas por los bandidos y los rebeldes del desierto.

En la celda había varios hombres que no tenían dinero ni para continuar ni para volver a sus casas, y que probablemente terminarían abandonados por la policía de Argelia en el desierto entre Malí y Libia para morir de hambre. Nunca son deportados cerca de áreas habitadas, sino en medio del desierto, expuestos a los bandidos y rebeldes argelinos.

La comida consistía siempre en media barra de pan con mantequilla. Dormíamos en el suelo sin mantas y nunca nos permitieron bañarnos ni salir fuera a caminar. Había poca ventilación, pues la celda sólo tenía una ventana por donde entraba apenas aire.

A la semana de estar en esa celda, después de que mis dos compañeros fueron dados de alta, nos llevaron a todos ante un oficial que nos explicó que algunos de nosotros seríamos llevados a Tin Zaouaten, ciudad argelina cerca de la frontera con Malí. El proceso de deportación consiste en ir transfiriendo al prisionero de una cárcel a otra hasta llegar a Malí.

Cuando llegó el camión policial, fui nombrado junto a otros ciento cincuenta prisioneros, incluidas quince chicas. Escoltados por la policía armada, nos forzaron a sentarnos unos encima de otros, porque el espacio era muy limitado. Partimos con órdenes de no cambiar las posiciones; si lo hacíamos, nos golpearían a todos sin excepción.

Al llegar a Tin Zaouaten, estuvimos unos minutos en el puesto de control policial, ya que era la última ciudad en Argelia antes de la frontera. Continuamos viajando durante toda la noche, hasta que por la mañana temprano el conductor paró el camión y nos ordenó a todos que bajáramos y que siguiéramos nuestro propio camino. Ninguno conocía el lugar y no sabíamos qué dirección tomar. Decidimos esperar a que el sol estuviera un poco más alto, con la esperanza de que ello nos diera alguna idea de dónde estábamos. Vivir o morir era entonces una decisión individual.

El sol había alcanzado su punto máximo cuando algunos empezaron a llorar, por la sed y, principalmente, porque estábamos completamente perdidos. Muy cerca del lugar donde la policía nos había dejado, encontramos muchos restos humanos; era como si hubiera habido un asesinato múltiple. Había pasaportes y carnés de identidad por todas partes. Parecía que algunos habían muerto recientemente, y otros, de quienes sólo quedaban los huesos, mucho tiempo atrás. Los restos matenían la forma humana. Este espectáculo nos aterrorizó.

De pronto, llegó un grupo de tuareg. Teníamos tanto miedo que salimos corriendo nada más verlos. Pero nos hicieron detener con unos disparos al aire, y nos dijeron que nos tumbáramos en el suelo, a lo que obedecimos inmediatamente. Nos informaron de que nos hallábamos en territorio peligroso, nos recordaron la cantidad de cuerpos sin vida que nos rodeaban y nos dijeron que quien no tuviera 50 dólares terminaría en las mismas circunstancias.

Ellos venían a diario en busca de inmigrantes abandonados en desierto, a los que rescataban a cambio de dinero. Nos llevarían hasta Sibres, un pequeño pueblo ilegal en el desierto. Los que teníamos la suerte de contar con dinero les entregamos enseguida la cantidad que pedían para el viaje y fuimos separados de los demás, a quienes, a punta de pistola, se les dijo que se pusieran en marcha hasta que no se les viera.

Después de andar durante cinco horas guiados por los tuareg, en el abrasador calor de las arenas del Sahara, muchos perdimos las pocas fuerzas que teníamos. Algunos se rindieron y dejaron de caminar. Abandonaron diez personas en total, cuatro de ellas mujeres. Otra vez nos veíamos obligados a abandonar a nuestros compañeros, con un profundo sentimiento de impotencia y rabia. Sólo nos quedaba la esperanza de que encontraran la carretera principal y alcanzaran llegar a Sibres, lo cual era poco probable.

Finalmente, llegamos a Sibres, donde estuvimos tres días esperando transporte hasta Gao. Como no encontramos a las personas que habíamos dejado atrás, nos imaginamos lo peor, ya que no había ningún otro pueblo cerca de Sibres y tampoco podían regresar a Argelia. Alrededor de Sibres, había precarias tumbas seguramente de personas que habían intentado llegar a Argelia o Libia. Es imposible sobrevivir aquí sin dinero, y aun así a veces no se puede resistir al hambre y la sed.

Después de lo que pareció una eternidad en ese pueblo, llegó un camión. Nos dijeron que teníamos que pagar

20.000 CFA cada uno para ir hasta Kidal. Así que los que ya no tenían dinero tuvieron que terminar su viaje aquí. Veinte de nosotros pudimos pagar y salir de Sibres.

Fue otro viaje muy duro. Tardamos cinco horas para llegar a Kidal, pues la carretera era muy dura y el conductor tuvo que dar muchas vueltas y alargar el camino para evitar los controles policiales.

8. Deshaciendo camino

Kidal estaba lleno de otros viajeros, que también habían sido deportados desde Argelia. Nos encontramos con un hombre senegalés que, al enterarse de que yo era de Gambia, enseguida nos invitó a su refugio. Al llegar, nos dio una buena comida y hablamos largo rato.

Durante los tres días de estancia en Kidal, vivimos del poco dinero que nos quedaba y dormíamos a la intemperie para reducir gastos. Por primera vez, me encontré mal por beber agua contaminada. Y como había perdido mucho peso, me puse aún más enfermo. Afortunadamente, me encontré con un hombre muy viejo que sabía mucho sobre remedios de hierbas, y gracias a su tratamiento al poco tiempo recuperé mis fuerzas y todas mis molestias acabaron. Al tercer día por la noche, el senegalés nos dijo que nos prepararámos, porque había un camión disponible para llevarnos hasta Gao. Sólo quince personas pudimos pagar el billete, que costaba 40.000 CFA. Los que no pudieron pagar se quedaron a esperar una segunda oportunidad; muchos habían perdido el contacto con sus familias y, aunque los aldeanos simpatizaban con los viajeros, sin dinero, comida ni agua, sería difícil tener otra oportunidad de viajar.

Antes de partir, como el senegalés había sido tan amable, le di el último dinero suelto que tenía, pero él lo rechazó y, en cambio, me dio 1.000 CFA, para asegurar el camino hacia Gao, y me dio las gracias por entenderlo.

Nos fuimos de Kidal dentro de un camión, en el que también viajaban dos camellos. El viaje duraría cuarenta y ocho horas. Entre los pasajeros, había muchos que, al igual que yo, regresaban de Argelia después de haber luchado para llegar a Europa.

Durante el viaje, me puse a pensar en todo lo que había aprendido desde que había salido de mi pueblo, y en que seguramente me quedaría mucho por aprender hasta cumplir mi objetivo de llegar a Europa. Fue entonces cuando se me ocurrió que si lograba llegar, escribiría un libro sobre mis aventuras y todo el sufrimiento, tanto el que soporté personalmente como el de los demás, sobre lo que viven quienes logran llegar y también sobre los que habían muerto en el camino. Y contar mi viaje se convirtió en un sueño más, aparte de llegar a mi destino final, que me daba fuerzas para continuar.

Dentro del camión, con el olor de los camellos y sus excrementos, era imposible respirar aire fresco, y sólo hicimos una parada antes de llegar a Gao. Esta ciudad, conocida por el tráfico ilegal que se practica allí, es un importante centro para conseguir transporte de camino hacia

Europa y, a la vez, es el segundo hogar para los viajeros sin suerte.

Al llegar a Gao, lo único que me quedaba era el dinero que me había dado el senegalés. Tuve que volver a contactar con mi amigo de Canadá para pedirle ayuda. Y pasé un mes entero en Gao mientras esperaba el dinero, viviendo protegido por una misión de la Cruz Roja.

Había en Gao muchísimos viajeros que esperaban una oportunidad para continuar hasta su destino, gente de distintas nacionalidades, religiones y creencias, hombres y mujeres. Los traficantes intentan aprovecharse de ellos, vendiéndoles cosas sin ningún valor y en mal estado a un alto precio. Quería irme de allí cuanto antes. Mi intención era volver hasta Bamako, la capital de Malí, para obtener un pasaporte maliense con el que poder llegar de nuevo hasta Argelia, y desde allí ir a Marruecos, pero ese plan era inviable con mis 1.000 CFA. Le expuse al kocseur mi situación y le pedí dormir en el aparcamiento hasta que recibiera fondos de mi amigo. No sólo me lo permitió sino que incluso me ofreció comer con su familia mientras durara mi estancia.

Comencé a pensar en mi familia, que mientras yo iba y venía cruzando el desierto había permanecido allí en mi casa, y en cuánto los echaba de menos, y en que aún no había completado mi viaje. Estos pensamientos me amargaron y llegué a perder la esperanza tanto de volver a casa como de alcanzar mi destino final. Hasta pensé en volver a Gambia, ser parte de mi familia otra vez y empezar una nueva vida. Pero regresar después de tanto tiempo, sin haber logrado mi objetivo me haría perder el respeto hacia mí mismo y el de mi vecindario. Así que decidí seguir arriesgando mi vida antes que enfrentarme a una posible humillación en mi comunidad.

Cuando recibí los mil dólares de mi amigo, pagué al kocseur 80.000 CFA y él me proveyó un transporte hasta Bamako.

Dejamos Gao con destino a Mopti, donde debíamos cambiar de transporte para seguir hasta Bamako. Todos los pasajeros del autobús eran deportados de Argelia, algunos estaban muy enfermos y muchos otros no estaban en buen estado mental. El autobús era muy viejo y se desplazaba muy lentamente. Muchos no llevaban dinero para comprar comida ni agua, por lo que tuvieron que permanecer sin comer ni beber casi cuarenta y ocho horas. Tuve que repartir mi poca comida, pan y mantequilla con algunos compañeros que estaban sentados cerca de mí. No podía comer delante de ellos hambrientos y sin dinero. Luego, yo también tuve que aguantar hambre y sed, y dolor muscular.

Al llegar a Mopti, el conductor aparcó junto a otros autobuses y nos indicó un sitio para que lo esperáramos mientras él buscaba un transporte. Lo esperamos todo el día, hasta que regresó diciendo que no había encontrado transporte directo hasta Bamako y nos propuso llevarnos hasta Segon. En realidad, él mismo quería hacer el siguiente trayecto para quedarse con todo el dinero que le había dado el kocseur, en vez de darle una parte al siguiente conductor que nos llevaría a Bamako, ya que su autobús no estaba en condiciones de continuar el viaje. Así que tuvimos que esperar dos días en Mopti mientras el autobús era puesto en condiciones. Pasamos las dos noches en el aparcamiento y nos tuvimos que ayudar unos a otros con la comida.

Tras haber pasado por el taller mecánico, el motor estaba un poco mejor que en la primera etapa y pudimos ir más rápido, pero seguíamos viajando muy apretados y con mucho calor. Viajé con mucho dolor de cabeza y al final del trayecto me sentía a punto de desmayarme. El hambre me afectaba menos, no porque no tuviera sino porque, después de meses, me había acostumbrado a tener hambre y podía aguantar varios días sin comer. Pero otros comenzaban a perder el conocimiento.

Después de un día de viaje llegamos a Segon, donde el conductor debía conseguirnos otro transporte hasta Bamako. Pero muchos ya no confiábamos en él y no queríamos perder más tiempo, así que lo obligamos a devolvernos nuestro dinero para coger un transporte por nuestra cuenta.

Yo me fui con tres chicos senegaleses de Casamance y otro guineano de Conakry. Estábamos tan cansados que decidimos dormir una noche en el aparcamiento. Compramos pan y carne para la cena y buscamos trozos de cajas de cartón para utilizarlas de cama, que dispusimos en un rincón del aparcamiento. A la mañana, después de comer algo, encontramos un minibús dispuesto a salir hacia Bamako. Pagamos nuestros billetes y nos juntamos con los demás pasajeros para el viaje, entre los que se encontraban unos cuantos que habían viajado con nosotros y a quienes el conductor aún no les había devuelto su dinero. Este transporte era la gloria para nosotros: íbamos sentados muy cómodos y con suficiente ventilación. Durante el trayecto, hicimos unas cuantas paradas para comprar comida o ir al lavabo. Llegamos casi al anochecer, después de un tiempo razonable para este trayecto.

Cuando nuestro autobús llegó a la estación Sokonengke de Bamako, reconocí inmediatamente el lugar donde había estado cinco meses antes buscando sitio para dormir. Me encontré con otro gambiano, con quien me entendí enseguida y dormí fuera del aparcamiento, junto con otros viajeros.

Al día siguiente apareció alguien llamado Abu que quería hablar con nosotros. Nos contó que conocía a un tal Camara, quien, supuestamente, era la mejor persona y la más confiable para ayudarnos a conseguir un pasaporte maliense. Lo acompañamos hasta Madina Gurase, el barrio donde vivía este hombre. Allí nos llevó ante el kocseur, a quien mis compañeros gambianos y yo le explicamos nuestra necesidad de pasaporte maliense. El kocseur nos informó de que el precio era de 100.000 CFA para cada uno. Le pedí una rebaja, pero no me hizo caso.

Después de varias semanas de estancia en el refugio de Medina Gurase, conocimos al señor Camara, quien nos concedió una rebaja en el precio del pasaporte, que quedó en 80.000 CFA, que yo pagué en ese mismo momento. Los dos chicos gambianos estaban esperando dinero de sus hermanos en España. Camara rápidamente me preparó una tarjeta de identidad maliense, y aunque me prometió el pasaporte en una semana, tuve que esperar dos meses para obtenerlo.

Durante todo este tiempo dormí en la calle junto con mis compañeros. Teníamos que economizar y siempre andábamos cortos de comida. Íbamos en busca de ceremonias de bautizo, para encontrar restos de comida de la fiesta. Al igual que en mi país, cuando hay un bautizo en una casa, todo el mundo puede comer allí, incluso si no conoce a la familia. Era una gran oportunidad que no podíamos perder. Si no encontrábamos ningún bautizo, comprábamos comida que cocinábamos nosotros mismos fuera del refugio. Era entones principios de junio, mes de lluvias, y había muchos mosquitos que nos picaban especialmente durante la noche. Nos poníamos a cubierto mientras la lluvia caía y regresábamos a la calle cuando paraba, para escurrir el agua de nuestras alfombras. A veces éramos atacados por bandas de chicos de la calle. Todo esto, más el ruido de los coches que pasaban, hacía muy difícil dormir. Y para empeorar las cosas, un compañero gambiano que había pagado a un kocseur 3.000 dólares para obtener un pasaporte y una visa, llevaba seis meses esperando y todavía no lo había recibido.

9. Volver a empezar

Después de dos meses, pude irme de Bamako junto con otros cuatro chicos, de Guinea Bissau y de Malí. Partimos una mañana con el autobús hacia Gao. El aparcamiento estaba lleno de viajeros que esperaban recibir dinero de sus amigos para continuar su viaje, algunos no tenían ni un céntimo y no podían ni siquiera llamar para pedir ayuda, así que intentaban ganar dinero con los empobrecidos viajeros que estaban de paso.

El viaje fue bastante diferente porque ahora viajábamos con pasaporte maliense haciendo ver que éramos de Malí, lo cual era mucho más seguro. Tardamos tres días en llegar a Gao y, sin haber dormido, seguimos hasta Kidal, dos días más de viaje. Durante todo el trayecto nos cruzamos con controles policiales, pero no tuvimos ningún problema, salvo lo ocurrido a uno de los chicos guineanos, apodado Bissau. Como no sabía hablar bambara, la lengua de Malí, los policías lo detectaron y le confiscaron los 300 euros que llevaba en el bolsillo, que era todo el dinero que tenía. Nos las apañamos para que siguiera el viaje, pero asimismo fue una experiencia muy dura para él.

También para Bissau era el segundo viaje, después de haber sido deportado desde Marruecos, por donde intentaba entrar a España. Había perdido a muchos seres queridos en ese viaje, incluyendo a su novia, que murió al pisar una mina del desierto. Esto es algo muy frecuente para los que intentan llegar a Marruecos vía Mauritania y Sahara Occidental, una zona extremadamente peligrosa.

Cuando llegamos a Kidal, los que viajábamos juntos fuimos a ver al senegalés que conocíamos. Allí estuvimos durante una semana, mientras esperábamos transporte a Tin Zaouaten. Había muchas personas a las que ya conocía de mi anterior estancia, otras eran caras nuevas. La mayoría estaba sin poder seguir el viaje, ni retroceder, porque era muy difícil conseguir trabajo y dinero en Kidal. Algunas chicas se prostituían o eran forzadas a prostituirse por sus propios novios.

Dormíamos fuera sobre sacos de arroz vacíos. Cuando hacía mucho viento, el kocseur me dejaba dormir con sus amigos y me daba de comer gratis, incluso me dio agua para poder bañarme en algunas ocasiones. Allí el agua es la mayor preocupación, especialmente para los viajeros. Después de una semana, el senegalés nos proporcionó un camión. Nunca olvidaré la asistencia que recibí de este hombre, cuyo nombre no quiero revelar.

Las diecisiete personas que pudimos pagar el billete emprendimos el viaje hacia Argelia, a través de Tin Zaouaten, un pueblo cerca de la frontera. Bissau no pudo pagar y se tuvo que quedar. Nos despedimos de él sin saber si algún día tendría la posibilidad de ir más lejos o de volver, o si sería otra víctima estancada allí durante meses, o para el resto de su vida.

El camión se paró a las afueras de Tin Zaouaten, ciudad a la que llegaba por segunda vez también. Desde allí fuimos guiados a pie por el compañero del conductor. De las setenta y cinco personas que viajábamos, sólo unos pocos teníamos pasaporte de Malí, y fuimos separados del resto.

Los que no tenían pasaporte continuaron pasando de contrabando por el pueblo, intentando evitar cualquier contacto con la policía. Nosotros siete encontramos una pequeña vivienda sin usar a cincuenta metros de la estación de la policía. No teníamos nada que temer, porque no podrían detenernos; sin embargo, como a esa altura era más consciente de los peligros que me podían acechar, estaba muy temeroso.

Por la mañana, nos dirigimos al puesto de inmigración para recibir el sello de entrada a Argelia. Yo pensaba que tarde o temprano la policía descubriría nuestras identidades reales, pero afortunadamente todo salió según lo planeado. Ahora éramos libres.

Compramos nuestros billetes para llegar a In Salah, el pueblo donde había sido encarcelado, pero el conductor del autobús se negó a llevarnos, porque estábamos demasiado sucios para compartir asientos con otros pasajeros, lo cual era cierto. Me enfadé mucho con él, pero le di 2.500 dirhams para que me ayudara a comprar rápidamente un conjunto de ropa parecido al que llevaba. Los cuatro chicos nigerianos empezaron a pelear con el conductor y terminaron siendo arrestados. Ésta fue la última vez que los vi.

Empezamos el viaje a las once de la noche y a las nueve de la noche siguiente llegamos a Tamanrasset, donde bajaron dos chicas nigerianas. Casi nunca se veía a ninguna chica gambiana o senegalesa, porque las chicas de estos países nunca emprenden este viaje. Antes de despedirnos, les di 1.500 dirhams a cada una por si acaso sufrían robos o cualquier otro problema. A cambio, ellas me ofrecieron una oración por mi seguridad.

Tras un breve descanso en el aparcamiento, continuamos viajando ocho horas hasta que llegamos a In Salah. Como era muy tarde, no había ningún sitio para comprar comida. Escondí mi dinero en los calzoncillos, utilicé los pantalones sucios como almohada y me puse a dormir a la intemperie.

Amanecí con dolor de cabeza y fiebre, así que antes que comida compré medicamentos para empezar el siguiente viaje en mejor estado.

Luego me añadí a un grupo de seis pasajeros que se dirigían a Ghardaïa, y fuimos juntos hasta allí en taxi, es decir, en un coche particular alquilado. Llegamos más tarde de lo previsto debido a una avería técnica por el camino. El próximo destino era Maghnia, la última ciudad argelina antes de entrar en Marruecos. Enseguida compré mi pasaje.

Durante el viaje desde Tin Zaouaten, había conocido a una chica, llamada Isa, quien llegó a pedirme que pospusiera mi viaje y me casara con ella. Rechacé su amor, no me sentía capaz de comprometerme con nadie en aquel momento, ya que mi prioridad era llegar a Europa. Pero le expresé mi gratitud a Isa por su afecto. Ella me dio su dirección, con la esperanza de retomar el contacto en el futuro. Quince minutos antes de mi partida hacia Maghnia, me despedí por última vez de Isa y compré mi billete, pero esta vez hablando con acento maliense.

Para evitar a la policía, intenté sentarme en los asientos traseros del autobús. Pero el asiento que me había tocado era el 20, más adelante, y no pude cambiarlo. Compartía el asiento con un hombre mayor de clase media que, por su apariencia, parecía ser un funcionario. Durante el viaje, me sentía muy incómodo por la ropa que llevaba, que podría hacerme pasar por loco o bandido y llamar la atención de la policía. De hecho, nadie quería conversar conmigo. Cuando después de una parada, algunos pasajeros se fueron, cogí un asiento de atrás sin vacilar.

10. El extraño mundo de Maghnia

Cuando llegué a Maghnia, me encontré con un chico de Nigeria que me inspiró confianza y le pregunté dónde tenían la base los viajeros que estaban de paso en la ciudad, y me respondió que sabía dónde estaba el sótano de Gambia. No comprendí lo que quería decir con «sótano», pero le pedí que me indicara cómo llegar hasta allí.

Amablemente, me guió fuera del pueblo por un camino estrecho a través de la niebla, que no me permitía ver por dónde íbamos. Cuando la niebla se disipó, llegamos a una especie de cantera, del tamaño de un campo de fútbol y más o menos de dos metros de profundidad. Me dijo que eso era el sótano.

El nigeriano se alejó y bajé al sótano acompañado por un grupo de chicos que había visto en la estación de autobuses, quienes llamaban a la cantera «dinkokono», que en mandinka quiere decir «pasillo».

Inmediatamente nos encontramos con el gobierno del lugar, y nos presentaron al presidente y a su equipo, conformado por cocineros, cajeros, guardaespaldas, ayudantes y personas que desempeñaban otros cargos. El presidente comenzó diciendo que él era el responsable del lugar y nos explicó su funcionamiento diario, basado en una serie de complicadas leyes y regulaciones. También nos advirtió de que si se producía una pelea entre nosotros o faltábamos a una regla, se nos castigaría severamente. Dependiendo del grado de la falta cometida, el castigo podía ser que las fuerzas de seguridad nos atasen o golpeasen, o que tuviéramos que recoger agua durante tres o cuatro días. Una obligación muy importante era recoger madera para el fuego de la cocina. El precio de la ración diaria de comida era 20 dirhams por persona. Dijo también que los movimientos hacia Rabat estaban restringidos, y eran ordenados y supervisados por el gobierno de la cantera. A veces se podían organizar «combates», viajes especiales desde Maghnia hasta Rabat, o desde Rabat a España. Y concluyó su sermón recordando que si cooperábamos con el buen funcionamiento del lugar, tendríamos más beneficios y seguridad.

En Maghnia, se ha ido desarrollando una enorme población integrada por subsaharianos en su ruta hacia Europa, dividida en barrios –los llamados «sótanos», «dinkokono», «valles» o «gueto»– según los diferentes países de origen: Gambia, Senegal, Malí, Níger, etcétera, cada uno con gobierno propio perfectamente estructurado. Se trata de un verdadero sistema de gobierno, muy organizado, que presta servicios y realiza negocios muy importantes, independiente del sistema de gobierno de Argelia. Los presidentes de cada sótano son nombrados directamente desde Rabat por los hombres de contacto. Por lo general, la elección recae en hombres que han pasado mucho tiempo en la cantera, sin poder viajar a Europa. Cada gobierno dura seis meses.

Cada gambiano, o africano, que va a Marruecos para llegar a España tiene que pasar por Maghnia y por este gobierno, y aportar su dinero al gobierno, que se encarga de cubrir los costes de transporte, comida y cuestiones organizativas. El gobierno paga además los billetes de los miembros del equipo (cocineros, policías, mensajeros, etc.), que también reciben 1.300 euros para poder pagar el pasaje a España. Por eso algunos viajeros hacen trabajos voluntarios para que el gobierno los tenga en consideración y les dé trabajo. El dinero que sobra de la recaudación se devuelve y se destina luego a los viajes de segundo intento y al mantenimiento del equipo de seguridad.

Aparte de los asuntos internos, el gobierno de cada país en Maghnia también trabaja en asuntos externos con otros gobiernos africanos, entre los que forman una asociación llamada «Ecowas» (Economic Community Of West *African* States).

Cada viaje o combate se organiza para más de ochenta personas, cada una de las cuales paga generalmente unos 300 dólares para llegar a Rabat y 1.000 más para cruzar a España. El gobierno paga a sus socios marroquíes 100 euros por cada persona que participa del combate.

A veces surgían conflictos de poder entre los sótanos. En la cantera de Nigeria hubo incluso una rebelión. Según testigos, unos cuatrocientos nigerianos fuertes y bien equipados que estaban viviendo en Marruecos quemaron las tiendas de campaña nigerianas y capturaron a mujeres, con la intención de derrocar al presidente nigeriano, quien se refugió en el dinkokono gambiano. El ataque duró desde las tres de la mañana hasta las seis de la tarde. Hubo cuatro muertos y muchos heridos. Cuando al día siguiente, con los ánimos calmados, los presidentes de Nigeria y de Gambia fueron al valle nigeriano, encontraron todas las tiendas quemadas y el depósito de dinero, que tenía aproximadamente 30.000 dólares, vacío. Después del entierro de los cuerpos, el presidente fue restituido y volvió la paz.

Había otros conflictos de poder y dinero, que se intentaban guardar dentro de la comunidad y que, por supuesto, pasaban desapercibidas a la seguridad argelina.

Mi primera noche en la cantera fue otra experiencia frustrante. Me había imaginado que encontraría paz al llegar a Maghnia y, en cambio, en la cantera me encontré con gente que había iniciado el viaje a Europa mucho antes que yo. Incluso encontré a personas a las que se había dado por muertas, por falta de comunicación, y las esposas de algunos de los que estaban allí habían vuelto a formar pareja. Casi no me podía creer que esas personas aún estuvieran vivas, que siguieran esperando su oportunidad de viajar a Tánger y cruzar desde allí el mar Mediterráneo o el océano Atlántico, para finalmente llegar a España. Muchos no lo lograrían. Muchas vidas se perderían en el mar, otros perderían su vida en el combate. Otros morirían por alguna de las muchas enfermedades que eran comunes en la cantera. Reencontrarme con ellos fue una sorpresa muy triste, que me afectó profundamente.

Respecto de la comida, nunca había visto a seres humanos comer de esa manera: cuando los veinte cuencos de comida eran servidos entre las doscientas personas que habitaban la cantera, éstas se abalanzaban sobre ellos, y comer era una lucha cuerpo a cuerpo. Como yo no siempre alcanzaba a comer algo, una vez le di 50 dirhams a un policía para que me comprara un plato de arroz de los que vendían algunos chicos que pasaban por ahí con un fogón ambulante.

Era horrible ver a la gente mendigando por las calles para comprar su porción diaria de comida. Y para ellos era un riesgo muy grande, porque al ser ilegales podrían ser detenidos y enviados al desierto de Malí.

A las diez y media de la noche, teníamos que irnos a dormir. Yo compartía una habitación muy pequeña con veinte personas más. Estaba llena de insectos que picaban e irritaban la piel, y de los que era imposible deshacerse porque vivían en la ropa sucia y sobrevivían con la sangre. Especialmente molestas eran las moscas conocidas como «mot», más pequeñas que los mosquitos. Yo sabía de estas moscas por viejas historias que había oído de los primeros pobladores de los bosques, pero nunca las había visto antes. Cuando me despertaba, me costaba darme cuenta de que estaba viviendo en un sitio tan extraño.

Cuando llegó la época de lluvias, muchas tiendas de campaña se inundaron, por lo que muchos habitantes buscaron tierra alta fuera, donde permanecieron hasta que la lluvia paró, escondidos en los arbustos y comiendo las frutas de los huertos cercanos.

También eran muy comunes los accidentes, algunas veces mortales. Una vez, una camioneta cargada con viajeros se salió del camino cerca de Kericef, un pueblo muy protegido y difícil de cruzar, y dio muchas vueltas de campana. Muchas personas, aún con lesiones muy severas, lograron escapar de la policía ocultándose entre los matorrales. Algunos lograron llegar al dinkokono en Maghnia, pero otros fueron atrapados y deportados a Argelia, donde los abandonaron a su suerte, sin consideración por sus heridas. Al final, algunos murieron en el refugio y otros desaparecieron para siempre.

En otra ocasión, se produjo una pelea en el refugio gambiano, porque una chica nigeriana se había quedado allí con su novio gambiano. Las autoridades nigerianas hicieron una reclamación por escrito para que devolvieran a la chica. Las autoridades gambianas tardaron en contestar porque suponían que podrían matar a la chica si no la devolvían con el permiso del consejo del Ecowas. Los nigerianos, interpretando la falta de respuesta como una agresión, atacaron el refugio gambiano, con pistolas, machetes, cuchillos, palos y otras armas. Afortunadamente, los gambianos decidieron escalar a la cima de la cantera para prevenir que los enemigos entraran y lo quemaran todo.

Cuando las noticias del ataque llegaron al refugio de los malienses, el presidente y su gente intervinieron justo antes de que la batalla empezara, al igual que el Ecowas, y consiguieron calmar a los nigerianos. Finalmente, el Ecowas y el presidente nigeriano firmaron un acuerdo según el cual la chica sería devuelta a los nigerianos y pasaría por el propio Ecowas.

Ésta era la clase de problemas que surgían a menudo entre los miembros del estado de Ecowas. Entre los gambianos y los senegaleses había una relación especial. Los refugios estaban situados uno al lado del otro, y a veces se decía que estaban bajo el mando del mismo presidente, aunque de vez en cuando surgían peleas entre ambos grupos.

Nos podíamos bañar una vez por semana, de noche, porque no había cuarto de baño. Con tantos insectos y suciedad, yo necesitaba desesperadamente un baño, así que una mañana me levanté decidido a pedirle a alguien que me ayudara para poder bañarme. Ese mismo día, aparecieron dos policías que me pidieron que los acompañara a ver al vicepresidente, para que conversara con él. Así me enteré de que el siguiente combate estaba preparado para después del fin de semana, y que costaba 300 dólares hasta Rabat. Pero yo tenía muy poco dinero; de hecho, estaba esperando dinero de mi amigo. Así que me dijeron que firmara un documento en el que dejaba constancia de que me gustaría participar del combate dirigido por un hombre de la etnia gambiana sarakule, que residía en Rabat.

Para convencerme me dijeron que este viaje era más fácil porque el líder de los gidos era marroquí, y los marroquíes eran expertos en estos combates. El vicepresidente continuó diciendo que recibiría una mejor acomodación durante mi estancia en Rabat y que debería pagar 1.000 dólares al hombre sarakule por mi billete desde Rabat hasta el mar, es decir, hasta España.

Según las condiciones que debía aceptar, yo asumía el riesgo de ser capturado por la policía y deportado a Argelia. Si eso ocurría, pagaría otros 300 euros para ir nuevamente de Maghnia a Rabat y 500 euros más para cruzar el mar. Si la deportación ocurría entre Rabat y Tánger, al lado del mar, pagaría 500 euros para ir de Maghnia a Rabat. Y si volvía a ocurrir una tercera vez, tendría que pagar 1.000 dólares por otro viaje. No tenía todo ese dinero ni mucho menos, pero prometí al agente que trabajaba para el hombre sarakule que tan pronto como recibiera el dinero, le pagaría para participar en el combate de Rabat.

Después de tres meses de vivir en ese mundo tan particular, finalmente recibí dinero de mi amigo, que se había retrasado debido a un error de comunicación dentro de la cantera. Por un lado, había sólo tres teléfonos para cuatrocientas personas, cantidad que fluctuaba en función de las llegadas de Marruecos. Éste era el único medio de contacto con el exterior. Y por otro, todos los envíos de dinero pasaban por el control del presidente del refugio, con lo que el sistema de transferencia era muy inseguro. Hubo un caso de un hombre que cobró 2.000 dólares que iban destinados a otra persona y desapareció con todo el dinero. El gobierno del refugio no podía hacer nada, porque fuera del refugio no tiene ninguna autoridad.

11. Primer intento de llegar al mar

El combate se retrasó porque una semana antes de la fecha prevista había ocurrido un accidente muy grave en el mar, y había tanta seguridad en el área que salir de contrabando era muy arriesgado. Debido al accidente también, llegaban muchos deportados desde Rabat, por lo que las canteras estaban más congestionadas aún. El gobierno del refugio organizó un grupo de trabajo para construir más tiendas.

Cuando por fin se anunció el combate en el que participaría, se prepararon las provisiones de comida, agua y ropas adecuadas para aguantar la jornada del viaje. Éramos ochenta y cinco africanos listos para el combate.

Esperamos a los gidos a las afueras de Maghnia, escondidos. En vez de dos gidos, como estaba previsto, llegó sólo uno, con el que empezamos a caminar hacia Marruecos, llevando nuestros pesados avituallamientos en las espaldas. Fue una gran desilusión para mí, porque pensaba que viajaríamos en coche hasta Rabat. Encima, el gido andaba muy deprisa.

Antes de llegar a la frontera, fuimos atacados por unos perros, que delataron nuestra presencia a las fuerzas fronterizas argelinas, que inmediatamente dispararon y se nos acercaron, por lo que no tuvimos otra opción que tirarnos al suelo. Nos llevaron hasta su base, situada cerca del aeropuerto de Osuda en Marruecos, donde nos registraron uno a uno y nos quitaron todo lo que encontraron útil.

Pasamos la noche durmiendo a la intemperie y pasamos mucho frío, con los guardias vigilando cada uno de nuestros movimientos. Al amanecer, nos ordenaron limpiar el campamento y hacer una serie de trabajos agotadores, sin dejar de golpearnos. Uno de los guardias dijo «camarat», y uno de los compañeros salió del grupo y se acercó a ellos, pensando que lo habían llamado a él, ya que su apellido era Camara. El pobre fue golpeado tres veces en la cabeza con un arma hasta que cayó al suelo. Después del incidente, los chicos le asignaron el nombre de «Camarat», lo que a él lo enfadaba mucho.

De pronto, notamos movimientos y temimos que nos llevaran al desierto o que nos encarcelaran. Pero al parecer, su comandante había dado la orden de que nos dejaran libres. Y por eso nos obligaron a retomar nuestro camino a Marruecos.

Seguimos caminando junto al gido, con nuestra pesada carga a cuestas y con el dolor de los duros castigos que habíamos sufrido la noche anterior. Andar rápido para poder seguir al gido no era nada fácil, especialmente porque cruzábamos campos anegados. Por suerte, a la tarde llegamos a un bosquecillo y el gido nos dijo que nos escondiéramos hasta el anochecer, cuando sería posible entrar en Marruecos. Él se fue sin decirnos adónde.

Lo esperamos muchas horas. Algunos nos pusimos enfermos, probablemente a causa de las palizas. No obstante, cuando regresó el gido, reemprendimos la marcha.

Al llegar a Marruecos, tuvimos que atravesar el aeropuerto de Oujda, saltando la valla del campo aéreo para cruzar las instalaciones. Era un movimiento muy difícil, sobre todo por las condiciones físicas en las que nos encontrábamos y por la alta seguridad que había en la zona. Pero, aunque muchos se lastimaron, conseguimos cruzar el aeropuerto con éxito.

Después, empezamos un largo camino en dirección a las montañas. Algunos se deshicieron del agua y de la comida, porque estaban exhaustos y no podían más con el peso. Otros se fueron quedando rezagados, en medio de las montañas. Nunca más volví a tener noticias de ellos. El gido insistió en que no miráramos atrás ni perdiéramos tiempo en buscarlos.

Al llegar a un sitio donde se enfrentaban dos montañas, el gido indicó que debíamos esperar a la noche para seguir viaje, y volvió a dejarnos solos. Para economizar nuestra ración de alimentos, aconsejados por los gidos, comíamos muy poco y sólo bebíamos medio vaso de agua después de cada comida, que casi siempre era una al día.

Mientras esperábamos al gido, apareció una mujer mayor encima de un burro negro. Tan pronto como se fijó en nuestro aspecto, se asustó y salió corriendo. Nosotros también nos asustamos, pero la mujer no volvió.

Más tarde creímos ver regresar al gido, pero se trataba de un pastor que venía siguiendo su ganado. Se nos acercó, se dio cuenta de que estábamos muy asustados y nos ofreció una oveja a cambio de algo de dinero. No nos pusimos de acuerdo entre nosotros; por un lado, teníamos mucha hambre, pero también pensábamos que podría tratarse de una trampa que nos llevaría a la policía. Así que le dimos unas pocas monedas y le dijimos que se fuera, con la esperanza de que guardaría silencio.

Oscurecía y seguíamos sin saber nada del gido. Comenzó a hacer frío, y nos abrigamos con algunas ramas secas de árboles caídos.

Cuando ya no teníamos casi esperanzas de que el gido reapareciera, éste volvió diciendo que había estado investigando por los alrededores cuál era la mejor ruta para seguir. Según él, todo estaba en orden y debíamos prepararnos para continuar. Así que el combate se reinició, guiados ahora por dos gidos que tenían teléfonos móviles, y a menudo recibían llamadas. Pero a pesar de que habíamos descansado un buen rato, a mí me costaba mucho más caminar, porque mi pie estaba inflamado. Me fui quedando atrás, hasta el final del grupo, lo cual era muy peligroso porque si uno se perdía, nadie deshacía sus pasos para rescatarlo.

Después de ascender una montaña, llegamos a una casa vieja y abandonada. Allí nos encontramos con tres hombres marroquíes que nos estaban esperando con bastones. Entramos en la casa, en absoluto silencio, tal como nos ordenaron. Sólo se oía el sonido de unos perros que ladraban y las voces de los gidos.

Algunos tuvieron un ataque de nervios, lo que provocó que los gidos se enfadaran y les dieran una severa paliza. A mí me llevaron junto a otros veinte, en una habitación que olía horriblemente a orina y excremento, donde nos acomodamos en el suelo. Yo me senté en una esquina para evitar la corriente de aire que venía del portal abierto. Estaríamos allí hasta que llegara un transporte, un par de días.

Las condiciones de la casa no ayudaban a que recuperáramos fuerzas. El suelo estaba muy húmedo debido a que llovía y había muchas goteras en el techo. El baño podía utilizarse sólo de noche y durante el día debíamos usar un contenedor de plástico de veinte litros. Por mi parte, había perdido el apetito, y pasar horas echado en el suelo pestilente me resultaba una pesadilla, como mínimo.

Pasaron unos cuantos días y ni noticias del transporte.

Los gidos nunca dormían con nosotros; llegaban cada mañana y recogían nuestros pedidos de comida, que nos vendían al doble de su precio real.

Habían pasado ya diez días cuando finalmente un gido anunció que debíamos prepararnos para el combate.

Nos indicaron que los siguiéramos hasta un escondrijo, donde nos recogería el transporte. Todos los gidos tenían bastones para guiarnos, tal como si fuéramos un rebaño de ovejas. Si no podíamos seguir el ritmo, nos daban una tremenda paliza. En una ocasión, me oriné encima, y me quedé al final del grupo, que enseguida me sacó una gran distancia. Los gidos se acercaron a toda prisa, me golpearon por todo el cuerpo, luego me tiraron al suelo y me patearon con sus botas de goma. No sé de dónde saqué fuerzas, pero me levanté y me puse a andar.

Después de un par de horas de marcha, nos encontramos con un grupo de conductores junto a sus vehículos, que habían estado esperando nuestra llegada desde hacía un buen rato, a juzgar por lo que se quejaron al vernos. Nos separaron en seis grupos de trece personas, cada uno de los cuales tenía que subir a un coche, distribuidos de esta manera: uno en el asiento delantero, nueve en los asientos posteriores y tres dentro del maletero.

Desde el maletero, podía oír los empujones y movimientos dentro del vehículo, además de los insultos que se decían unos a otros. Así que me sentí aliviado de estar dentro del maletero; aunque había poco espacio para respirar, el ambiente estaba más calmado.

Después de algún rato, me di cuenta de que habíamos salido de la carretera principal y que estábamos viajando por las malezas, seguramente para evitar controles. Dentro del maletero, daba la impresión de que a cada momento el coche iba a volcar. Oí algún disparo ocasional, que sumado a los gritos de los otros pasajeros, no hacían del viaje una experiencia agradable.

A primera hora de la mañana, el vehículo se detuvo, y se nos dijo que saliéramos. No fue fácil para mí, ya que la falta de circulación me había dejado las piernas dormidas. Los gidos, que venían en otro coche, nos ordenaron que los siguiéramos hasta un campo donde nos esconderíamos. Hacía mucho frío y llovía; enseguida nuestras ropas se empaparon. Encima, con mi pie inflamado, me sentía como un viejo borracho.

Después de algunas horas de andar por los campos, llegamos a una casa de bloques de cemento grande, que iba a ser nuestro escondite hasta la llegada del siguiente transporte. Por lo menos, estaríamos protegidos del frío.

A pesar de lo cansados que estábamos, fue muy difícil conciliar el sueño. Nuevamente, debimos soportar la incomodidad del olor a orina y excrementos, en un lugar sin ventilación. No podíamos abrir la puerta de la casa durante todo el día, porque había agricultores trabajando en los campos vecinos, que nos podrían ver y delatar a la policía marroquí, que ofrecía una recompensa para todo aquel que delatara a los inmigrantes escondidos.

En estas condiciones, tanto de la casa como de nuestro estado físico, éramos un blanco fácil para cualquier enfermedad.

A las doce del mediodía, los gidos o *arabos*, como algunos solían llamarlos, llegaron con dos amigos, agua, comida y hasta cigarrillos. También llevaban una garrafa de agua vacía, que debería servir de lavabo. La comida tenía un precio muy alto, tres veces más que lo habitual, pero como teníamos hambre inmediatamente nos pusimos en fila para escoger lo que queríamos. Pero la desesperación por comer y el temor a quedarnos sin comida nos llevó a empujarnos y tironearnos mientras los gidos la repartían. Éstos se enfadaron y empezaron a golpearnos con sus palos, de manera tan violenta que algunos se fracturaron algún hueso y otros perdieron unos cuantos dientes.

Cuando terminamos de comer, nos informaron que esa misma noche podría haber transporte directo hacia Rabat. ¡Por fin una buena noticia! Aunque mi alegría duró poco, porque éramos demasiados para ir todos en un solo grupo, así que nos dividieron en dos, y yo quedé para el segundo turno. Después de organizar los grupos, nos metieron a todos en la casa y cerraron la puerta con llave.

A la noche, el contenedor de orina se llenó y empezó a rebosar; el olor era insoportable. Nunca había pensado que el mal olor podría llegar a ser una tortura tan terrible.

Los gidos volvieron cerca de las diez de la noche, esta vez sin comida ni agua. El combate estaba a punto de empezar. Sacaron a los del primer grupo, de cuarenta y dos personas, y los llevaron a algún sitio cerca de la carretera, donde el transporte hacia Rabat los debía recoger.

Yo me quedé con el resto dentro de la casa, esperando ansioso nuestro turno. Al menos había más lugar ahora, pero el olor seguía siendo repugnante. A los tres días sin comida ni agua, tuvimos que bebernos la orina del contenedor, mezclado con azúcar, para no morirnos deshidratados. Muchas personas, tan pronto como la bebían, padecían ataques de diarrea. Y no nos quedó más opción que aguantar así cuatro días, hasta que regresaron los gidos.

Eran las tres de la madrugada cuando me despertaron unos gritos: «¡Camarat, camarat, vite, vite!», lo que significaba que debíamos prepararnos para el combate. Los gidos llegaron con la noticia de que la situación en Oujda se había complicado, a raíz de que la policía había interceptado un vehículo que se dirigía a Rabat. Un muchacho había intentado huir, pero la policía le disparó hasta que cayó muerto.

Seguimos a los gidos atravesando campos y campos. En uno de ellos, había frutas justo a punto para ser recogidas. Sin dudarlo cogimos unas cuantas, pero los gidos nos castigaron con más palizas.

La caminata fue más larga de lo esperado, porque tuvimos que evitar los muchos controles que había por todas partes, alargando el camino y escalando montañas.

Los gidos nos hacían ir más y más deprisa, porque teníamos que terminar la caminata antes de que se hiciera de día, por seguridad. Pero con ellos todos estábamos a salvo, o al menos eso creíamos

Un chico que sufría malaria acabó siendo llevado a espaldas de un amigo. No me explicaba de dónde éste sacaba tanta fuerza. Mientras escalábamos una montaña, los perdimos de vista. Los gidos sólo hablaban árabe, así que ni siquiera pude intentar pedirles que los rescatáramos. Afortunadamente, alguien sí sabía árabe y les pidió que esperaran mientras tres personas íbamos a buscarlos. A la media hora de caminar en dirección contraria a donde habíamos ido, oímos sus gritos. Cuando nos acercamos, vimos al chico enfermo que estaba vomitando. Lo cargué en mi espalda y lo llevé a donde los gidos estaban esperándonos. El gido, en un acto de sorprendente comprensión y humanidad, ordenó que nos turnáramos para cargarlo.

Lamentablemente, cuando llegamos donde estaba el coche, el pobre chico ya estaba muerto. Los treinta y nueve muchachos que quedábamos fuimos forzados a entrar, o mejor dicho, a estrujarnos dentro del vehículo. De nuevo, la escena de desesperación y pánico por falta de aire. Cada vez que el coche pasaba por un bache, los que estaban de pie caían encima de los de que estaban en el suelo, y los gritos se multiplicaban.

De pronto, me asaltaron las dudas: ¿Nos llevaría a algún sitio este vehículo? ¿O sólo sería el comienzo de una nueva pesadilla? Después de todo, ya había visto y sufrido muchísimo, y aún estaba en camino, sin saber cuánto me faltaba exactamente para llegar a mi destino final, España.

Viajábamos a alta velocidad cuando el vehículo volcó y se salió de la carretera. Por suerte, los conductores pudieron salir y abrirnos la puerta. Menos las dos personas que se habían roto una pierna, todos los seguimos inmediatamente por un camino muy estrecho, hasta que enseguida nos encontramos en medio del desierto. Anduvimos un par de horas, hasta llegar a un valle. Nos dijeron que pasaríamos la noche allí, sin nada de comida, ya que se había perdido toda en el accidente. Cuando llevábamos un rato descansando, muchos, que hasta el momento no se habían dado cuenta de sus lesiones internas, comenzaron a sentir el dolor. Yo era uno de ellos. No podríamos salir de allí, no en las condiciones físicas en que nos hallábamos, a menos que viniera algún transporte a rescatarnos. Pero eso era un sueño imposible.

Nuestro destino era Rabat y nos encontrábamos perdidos en el desierto, al amparo de unos escasos arbustos, un escondite nada seguro.

Nadie decía nada, sólo se oía el sonido del viento. Y luego el de la lluvia. No teníamos ni siquiera un árbol para cobijarnos.

Después de tres horas de lluvias continuadas, le dije a un chico del que me había hecho amigo en el camino que yo quería salir de allí y buscar un sitio decente para escondernos. Él y un amigo suyo estuvieron de acuerdo.

A nadie más le contamos nuestro plan.

12. Atravesando Marruecos a pie

Sin saber qué dirección tomar, Nbaraka, de Gambia, Jatoh, árabe, y yo decidimos seguir los postes de electricidad que seguramente conducirían a una población cercana.

Al pasar por un campo, nos sorprendieron unos perros que empezaron a ladrar, y enseguida apareció un granjero, con un arma en la mano. Grité que no disparara, que éramos amigos, y entonces bajó el arma.

Él nos habló en árabe y yo le contesté inglés: por suerte, él podía hablar un poco de inglés. Después de explicarle que estábamos desesperadamente necesitados de comida, no sólo nos trajo algo para comer sino que nos invitó a su casa e hizo un fuego especialmente para nosotros, a pesar de que, según nos dijo, estaba corriendo un riesgo muy grande, porque los vecinos podrían denunciarlo a la policía.

Nos aconsejó que nos quedáramos dentro y que no saliéramos hasta que él regresara por la tarde. Al principio, no sabíamos si debíamos creer en sus palabras y no estábamos seguros de si no nos delataría a la policía, pero nos sentíamos tan bien en esa cálida casa, especialmente después de haber comido, que decidimos hacerle caso y quedarnos. Esa misma tarde, el granjero volvió con pan y aceite de oliva.

Nos dijo que para llegar a Rabat debíamos llegar a Taza, y desde allí seguir unos 100 kilómetros más hasta Fez. Aún nos quedarían casi 200 kilómetros para alcanzar Rabat. Según el granjero, tardaríamos dos meses en llegar. Así que tras el pan con aceite, nos guió hasta la carretera principal y nos despidió dándonos la mano.

Empezamos a andar entre los arbustos, en dirección paralela a la carretera principal que lleva a Rabat. Siguiendo los consejos del granjero, íbamos por el lado derecho, para evitar los puestos de policías de patrulla. Los avituallamientos de comida y agua con los que habíamos partido no eran suficientes para pasar la primera noche.

A la madrugada, llegamos a un campo abierto, sin prácticamente arbustos donde esconderse. Era muy arriesgado cruzarlo, porque podíamos ser vistos. Lo más seguro era esperar a la noche siguiente, protegidos sólo por la oscuridad, pero esta alternativa nos haría perder mucho tiempo. Así que decidimos andar día y noche, en absoluto silencio.

Unas horas después, encontramos un pequeño estanque seco, de menos de medio metro de profundidad, que parecía un sitio ideal para descansar. Ya no teníamos ningún resto de comida ni agua, así que al poco de descansar, animé a mis amigos a continuar el camino. Les dije que no había nada que temer, que ya aparecería una posibilidad de encontrar algo de agua. Nuestras vidas estaban en manos de Dios, quien, creo firmemente, era y es mi guardián.

La segunda noche, uno de los chicos, Nbaraka propuso que paráramos, porque si no moriríamos pronto. Empezamos a hacer paradas de descanso frecuentes, como había sugerido Nbaraka, pero Jatoh se enfadó con él, y además comenzó a burlarse de su comportamiento afeminado. Parecía que todos mis alientos de fe y esperanza habían salido volando de las orejas de mis camaradas. Pensé que quizás el hambre estaba haciendo mella.

Después de una nueva caminata, llegamos a un pequeño pueblo de granjeros, situado justo al borde de una meseta. Nbaraka fue el primero en ver acercarse a un hombre con una pistola en la mano, que lo apuntaba. Cuando quiso salir corriendo, intenté sujetarlo, pero me dio un puñetazo en la cara. Entonces nos rodearon unos perros que parecían estar a punto de mordernos.

El hombre bajó el arma, se acercó y dijo:

–*Salahm alekum* –expresión de un saludo de paz, y nos preguntó qué hacíamos allí. Contestamos que éramos emigrantes y que nos dirigíamos a Rabat, y que se nos había acabado el agua y la comida. Sin decir palabra, se fue y regreso en minutos con leche, pan y veinte litros de agua. Además, nos sugirió que buscáramos otro sitio para descansar, ya que sus vecinos podrían alertar a la policía. Después de comer y beber, le dimos las gracias y nos marchamos en busca de otro sitio para descansar. Hacía frío y enseguida cayó la noche.

Cuando encontramos un sitio más adecuado para descansar, hicimos un fuego para calentarnos un poco e intentamos dormir. Entre el ruido de los perros que no dejaban de ladrar, la fatiga, la incertidumbre y el hambre –porque aún teníamos hambre– no podíamos dormir. Les recordé a mis compañeros que debíamos ser valientes y tener fe en Dios, como verdaderos musulmanes, porque los veía muy desanimados.

Al cabo de un rato, nos quedamos dormidos.

Nos despertaron las primeras luces del día, y enseguida nos pusimos de nuevo en marcha, para empezar el tercer día de viaje. Otra vez íbamos a campo abierto, lo cual nos daba mucho miedo. Además, cruzar un campo recién arado, con el suelo muy húmedo, era un verdadero problema. Nuestras botas se enterraban y era muy difícil volver a levantar el pie, de modo que decidimos quitárnoslas y andar descalzos en el barro. Esto nos exponía a otro riesgo, el de que detectaran nuestras pisadas y, aparte de delatarnos como ilegales, acusarnos de destruir el sembrado. Esta tensión se añadía a la que nos producía el cansancio y el frío, que pronto volvió nuestros pies insensibles. Pero había que seguir andando; si nos descubrían, nos deportarían a Maghnia, y yo no quería volver a ver ese sitio nunca más en mi vida.

Eran alrededor de las dos de la tarde cuando vislumbramos Taza. Como entraríamos a la ciudad por la noche, para evitar los controles, buscamos un sitio para descansar. Por suerte, encontramos rápidamente un arboleda, donde comimos lo que nos quedaba de comida, y nos las compusimos para guardar un poquito de agua.

Antes de entrar en Taza, Nbaraka se puso nervioso e insistió en que nos rindiéramos y nos pusiéramos en manos de la policía. Jatoh sacó un cuchillo y le dijo que jamás repitiera esas palabras. Nbaraka enseguida se contuvo y no volvió a abrir la boca.

Cuando finalmente nos acercamos a Taza, no aguantábamos más el hambre, pero había demasiados controles policiales como para entrar a buscar agua y comida, así que tuvimos que rodear el pueblo.

Con la salida del sol, el cuarto día de camino, el suelo empezó a quemarnos la planta del pie, por lo que avanzábamos a una velocidad mínima. Yo, por primera vez en todo el largo viaje, viví algún episodio de pánico.

Mis compañeros habían perdido toda esperanza de sobrevivir, así que decidí ir solo a buscar agua y comida, mientras ellos me esperaban escondidos en las malezas.

Tardé casi una hora para llegar a un pequeño campo donde fui recibido por unos cuantos perros dispuestos a atacarme. Grité, con la esperanza de que el amo viniera a mi rescate, pero no parecía haber nadie allí. Cuando los perros se calmaron y entré al campo, vi que no había nada para comer. ¡Qué desilusión! ¿Qué les diría a mis amigos? Me senté, sin saber qué hacer, pero como no podía volver con las manos vacías, decidí caminar un poco más lejos, por si acaso. Después de un rato, vi algo que se movía en la distancia, y enseguida descubrí que se trataba de un rebaño de cabras y ovejas.

El pastor se asustó al verme y echó a correr para esconderse, pero cuando se dio cuenta de que no le haría daño, salió a mi encuentro. A pesar de que no hablaba inglés, sino sólo árabe, mis mensajes de agua y comida pronto fueron entendidos y me trajo provisiones de ambos. No importaba que yo no estuviera seguro de confiar en él; necesitaba el agua y la comida desesperadamente y no podía permitirme dudar.

Le mostré mi sincero agradecimiento y me marché, sabiendo que sus ojos me estarían vigilando. Ahora caminaba con más dificultad, por la carga del agua.

Me llevó dos horas reencontrarme con mis amigos, porque me equivoqué de camino. Al llegar al bosquecillo donde se escondían, noté que el estado de ambos había empeorado notablemente. No pude contener mis lágrimas. Nbaraka, que había dejado a tres mujeres en casa, no podía hablar ni abrir los ojos.

Afortunadamente, el agua y el pan les devolvieron un poco de fuerzas para continuar el camino.

Mientras andábamos, muy lentamente, vimos luces de una gran población, y acordamos que esta vez entraríamos en ella. Era nuestro quinto día y todos nosotros estábamos en muy mal estado.

El pueblo se llamaba Keresiff, y al entrar nos encontramos con un estudiante de instituto que se llamaba Hassan, y que hablaba bien el inglés. Le pregunté si nos podría ayudar a conseguir agua y comida, y durante nuestra breve conversación se acercó un coche de la policía. Sin vacilar, corrimos hacia un sitio extraño, donde un grupo de jóvenes estaban fumando hachís. Cuando nos vieron, empezaron a tirarnos piedras por todo el cuerpo, y nos rodearon sujetando palos.

Jatoh les dijo en árabe que éramos musulmanes y que todos los musulmanes son iguales. Inmediatamente, nos saludaron y nos dieron agua, comida, e incluso ropas y una vieja manta.

El joven estudiante, que había presenciado todo lo ocurrido, nos llevó a un sitio donde estaríamos a salvo de la policía. Allí pasamos la noche, al calor de un fuego que hicimos y con la manta. Estuvimos muy cómodos, lo que nos reconfortó bastante.

Eran alrededor de las cuatro de la mañana cuando mis compañeros se despertaron. Yo hubiera seguido durmiendo, porque aún me sentía muy cansado, pero nos pusimos a andar, porque de noche era más seguro, siguiendo la carretera principal en dirección a Rabat.

No paramos de caminar hasta la tarde. Efectivamente, dormir cómodos nos había hecho muy bien.

Por la noche, tampoco nos detuvimos, porque había que aprovecharla para andar, aunque como llovía mucho, la tierra estaba muy fangosa.

Comencé a notar que mi salud se resentía; empecé a vomitar y toser, mis movimientos se volvieron torpes. Me había convertido en el líder del grupo, así que no quería mostrar signos de desánimo que pudieran contagiarse, pero era muy difícil mantener la moral en alto y continuar. Me tragaba las lágrimas, mientras seguimos andando bajo la lluvia, en silencio.

A la noche, llegamos a una población situada cerca de Rabat. Llevábamos siete días andando, así que nos dimos un merecido descanso y comimos lo que nos quedaba de la comida que nos habían dado los chicos árabes.

Mientras descansábamos, Nbaraka se levantó repentinamente y se puso a correr gritando: «¡Me muero, me muero!», hasta que cayó al suelo, superado por el dolor, sin habla e inconsciente. Yo no tenía claro qué debía hacer para ayudarlo. Me puse a revisarlo y hallé un gran escorpión prendido a una pierna. Tenía que recuperar rápidamente mis conocimientos de primeros auxilios que había aprendido de mi padre. Le dije algunas palabras de consuelo, rasgué mi camisa y con un trozo de tela le até fuertemente la pierna en el área afectada. No sé muy bien por qué, pero eso le permitió seguir andando.

Habían pasado ocho días y todavía no había señales de Fez. Al pasar al lado de unas montañas, nos encontramos con un grupo de chicos y chicas nigerianos que habitaban una cueva. Me impactó tanto ver que seres humanos vivieran como animales, en condiciones tan deplorables, que intenté hacer la vista gorda. Pero enseguida nos llamaron:

–Venid, venid, somos hermanos.

A pesar del miedo que teníamos, nos acercamos, para evitar que reaccionaran mal. Cuando entramos, nos apuntaron con unos cuchillos y nos pidieron dinero, amenazando con matarnos si no se lo dábamos. Les dije que ninguno de nosotros tenía dinero, ¡que no teníamos ni comida! No tuvieron más remedio que creernos y calmarse.

Por dentro, la cueva no era tan desagradable, incluso parecía muy confortable. Tenían colchones y utensilios para cocinar. Nos contaron que ellos también estaban de camino a Europa, pero que se les había acabado el dinero y estaban esperando que parientes en el extranjero les mandaran algo que les permitiera seguir.

Fueron muy amables e incluso nos invitaron a quedarnos con ellos unos días.

Durante los tres días que pasamos allí, nos dieron suficiente comida para recuperarnos. La mayoría de las chicas eran menores, estaban embarazadas y cocinaban y alimentaban al resto.

Cuando decidimos retomar nuestro camino, un joven nos acompañó un trozo para asegurarse de que tomábamos la ruta correcta.

Las condiciones meteorológicas eran aún desfavorables. Habían pasado diez días desde que nos habíamos separado del grupo y los gidos. El dolor de las heridas causadas por la apedreada persistía, las plantas de mis pies estaban casi en carne viva, había perdido mucho peso y mis ojos estaban rojos e hinchados. Estaba seguro de que me dirigía a mi propia tumba. Mis amigos sufrían todavía más. Me hacía muchas preguntas para las que no hallaba respuesta.

Pasamos por una gran población. Anduvimos tres días más. La presión que soportábamos era inaguantable. Como de costumbre, teníamos poca comida y agua, y no podíamos comprar medicinas para aliviar los dolores. Todo lo que nos quedaba era esperar que Dios nos sacara de esa miseria. Está escrito que la fe es una gran curación y yo lo creía firmemente, pero los otros habían perdido toda esperanza.

Por la tarde, tuvimos un golpe de suerte. Llevábamos ya quince días andando cuando un pastor que llevaba un rebaño de ovejas se acercó al escondite donde estábamos descansando. Era un hombre árabe ya mayor, que al ver nuestro deplorable estado, dijo:

–No temáis, volveré pronto.

Estábamos aterrorizados.

Después de una hora, el viejo regresó con agua y comida y algunas medicinas tradicionales. Seguimos su consejo: beber la medicina mezclada con agua dos veces al día, y acompañarlo con un poquito de comida. No quiso quedarse con nosotros por mucho tiempo, para evitar cualquier problema con los vecinos.

Esa misma noche, ya nos sentíamos mucho mejor, y a la mañana siguiente habíamos recuperado nuestras fuerzas. Estuvimos en el escondite un día más, para recuperarnos del todo.

Cogimos nuestras provisiones y tomamos nuevamente la carretera. La medicina no sólo nos había devuelto las fuerzas sino también el valor. Ahora marchábamos con buen paso, y seguimos andando de día y de noche, sin saber lo que nos depararía el futuro.

Llegamos a Fez con nuestras reservas de alimentos agotadas, así que nuestra prioridad era buscar comida y agua. Pero como entrar a la ciudad sería muy arriesgado, apenas descansamos un poco y retomamos el viaje.

Estábamos tan agotados que mis compañeros pensaban que nos convenía rendirnos a la policía antes que morir de hambre y sed. Pero yo no quería, aún tenía la esperanza de que Dios nos ayudaría a llegar a Rabat. Claro que comprendía que pensaran eso, porque realmente no teníamos más fuerza, pero a la vez era consciente de que si nos rendíamos, ser aprisionados, torturados y deportados a Maghnia no aliviaría nuestro sufrimiento.

Logré convencerlos de seguir un poco más. Y enseguida renació nuestra esperanza cuando vimos a lo lejos a una mujer con una niña montadas en un burro que se dirigían hacia nosotros. Tal vez podría ayudarnos, decidimos permanecer escondidos, por si acaso. La mujer se dirigió directamente hacia nuestro escondite. Jatoh le explicó que necesitábamos agua y comida. A la mujer se le llenaron los ojos de lágrimas y nos dijo que no nos moviéramos de allí.

Después de un buen rato y ya sin mucha esperanza, para nuestra gran sorpresa y alegría vimos que madre e hija regresaban con el burro cargado de alimentos y veinte litros de agua. Sin decir palabra, la mujer dejó la carga junto a nosotros y se marchó con su hija por donde habían venido.

Seguimos camino en dirección a Mequínez, esta vez cargados de suficientes alimentos para los siguientes días. Era nuestro decimosexto día caminando por los campos. Arrastrábamos unos cuantos achaques físicos, habíamos perdido el contacto con aquellos que decidieron lanzarse al combate y no teníamos noticias de nuestras familias. Esto último, en cierto modo, me alegraba, pues no me hubiera gustado que mi familia supiera lo que estaba pasando. Habíamos cambiado física y mentalmente. Parecíamos salvajes.

Cuando llegábamos al límite de nuestras fuerzas, descansábamos y comíamos migas de pan secas, que era mucho mejor que nada. Nuestros pies hinchados no soportaban mucho rato el calzado, así que caminábamos descalzos. Entonces, no sólo sufríamos por el contacto con el suelo árido, sino también por las constantes picaduras de insectos. Así como nuestros cuerpos, se iban debilitando también nuestros sueños y las probabilidades de sobrevivir. Pero no hablábamos de nada de esto, ni del sufrimiento físico ni de nuestro ánimo. Ponerle palabras a tanto dolor sólo lo hubiera hecho más difícil de sobrellevar. Permanecimos mudos.

Seguimos caminando durante cinco días sin dormir, haciendo únicamente unas cuantas paradas para ingerir algo. Pero al tercer día el agotamiento era casi total, y al cuarto prácticamente habíamos acabado las reservas de bebida y comida. Y encima, no teníamos ni idea de qué ruta tomar para llegar a Mequínez. Entonces, hasta a mí me asaltaron las dudas de si no sería mejor rendirnos y entregarnos a la policía.

Fue en medio de la noche cuando divisamos unas luces rojas, que renovaron nuestra esperanza. Nos dirigimos sin dudarlo hacia allí, sin saber lo que nos aguardaba. Pero las luces estaban más lejos de lo que imaginábamos y tardamos varias horas en llegar a las puertas del pueblo, cuando ya había amanecido.

Decidimos permanecer en un escondite hasta la tarde, y entonces salir a buscar comida. Pero al mediodía, dado que nuestro aspecto llamaba realmente la atención, fuimos descubiertos por un grupo de jóvenes que empezaron a preguntarnos de dónde procedíamos. Jatoh les explicó cuál era nuestro plan, pero al parecer no les caímos en gracia, porque comenzaron a golpearnos. Yo recibí un puñetazo en el estómago que me hizo caer al suelo. Mis compañeros también fueron sometidos a una fuerte paliza, exagerada e innecesaria. Y como si esto fuera poco, nos desnudaron completamente y se llevaron nuestras ropas.

Así que tuvimos que buscar otro escondite, y sólo pude levantarme del suelo con la ayuda de mis amigos. Desnudos como estábamos, el único lugar al que podíamos ir era el bosque, pero entonces no tendríamos posibilidades de conseguir comida. Además, el mal tiempo amenazaba con empeorar. ¡Qué espectáculo más triste!

En el bosque, cortamos unas ramas para cubrirnos un poco. No sólo era humillante vestirnos con hojas, como salvajes, sino que pasamos mucho frío, especialmente cuando la temperatura empezó a descender.

Necesitábamos llegar a Rabat de una vez.

Después de caminar un rato, divisamos una pequeña aldea, donde encontramos a un hombre que cortaba leña. Parecía una buena persona.

Cuando nos vio, nos preguntó en un buen inglés por qué estábamos desnudos. Se le llenaron los ojos de lágrimas cuando le contamos lo que nos había ocurrido.

El granjero había vivido un tiempo en España. Nos invitó a entrar a su casa y nos ofreció ropa, un baño y comida. Nos dijo que, casualmente, su hermano era conductor, y que tal vez podría acercarnos hasta las afueras de Rabat.

Pasamos la noche en un cuarto compartido con animales, lo cual no era una experiencia nueva para nosotros, pero igualmente fue bastante desagradable. Claro que no estábamos en condiciones de quejarnos.

El hermano aceptó llevarnos hasta Rabat, con la condición de que viajáramos en el maletero del coche, por si nos cruzábamos con la policía. Aceptamos sin pensarlo.

Después de comer, nos proporcionaron alimentos para el viaje y nos despedimos del amable granjero.

Cuando el maletero se cerró, supimos que el viaje sería muy duro.

El vehículo se detuvo tras siete largas horas de viaje. Tiesos y empapados de sudor, tardamos un tiempo en poder estirar las piernas y reactivar la circulación. El conductor nos señaló el camino para llegar a Rabat, que nos llevaría tres horas de caminata, y se marchó.

Efectivamente, después de caminar durante un par de horas, divisamos la ciudad de Rabat. Fue una gran alegría, pero todavía nos quedaba por ver cómo superar y atravesar las barreras de seguridad de la entrada. Además, debíamos encontrar al hombre sarakule, el jefe de enlace a quien contactaríamos según el plan con el que habíamos salido de Maghnia.

Ateniéndonos a los consejos de nuestro último conductor, seguimos caminando cuidadosamente por el margen derecho de la autopista, manteniendo una distancia corta entre nosotros. A la entrada de la ciudad, había un puesto de control con policías y militares, pero conseguimos sortearlo, así como todos los obstáculos que encontramos hasta entrar a Rabat. Todo lo que nos quedaba por hacer entonces era tomarnos un bien merecido descanso y comer algo.

Luego preguntamos a unas cuantas personas si conocían o sabían algo del hombre sarakule, pero nadie sabía nada.

De pronto, un jardinero que andaba por allí se acercó a nosotros y nos ofreció acercarnos a Takadum, un barrio de Rabat donde se concentra la colonia de subsaharianos. Podría llevarnos envueltos en sacos de plástico por el precio de 700 dirhams. Mis compañeros rehusaron la oferta diciendo que no llevaban dinero encima, lo cual no era cierto. De hecho, uno de ellos tenía en aquel momento 100 dólares, pero no quería mostrarlos por temor de que se los quitaran, algo muy frecuente entre inmigrantes.

A mí no me desagradaba la idea, al contrario, aquello sería el final de nuestro largo viaje y era un medio de transporte seguro. Así que ofrecí 50 dólares por los tres al jardinero y al conductor que lo acompañaba.

Acordamos que nos introduciríamos cada uno en un saco; bien atados, nos meterían dentro del maletero y nos cubrirían con trozos de plástico.

En estas horribles condiciones nos fuimos del centro de la ciudad. Hubo algunas paradas pero nuestros ojos no las vieron, apenas podíamos respirar. Por suerte, al cabo de dos horas o más, el conductor paró, abrió el maletero y desató los sacos. Pero no se trataba de un descanso. Nos sacó y, sin decir palabra, nos dejó tirados a un lado de la carretera.

Caminamos hasta un cruce de caminos, donde Jatoh intentó buscar un taxi para llegar a Takadum. Mientras lo esperábamos, me recosté para descansar un rato, con tanta mala suerte que elegí un lugar con restos de excrementos humanos. No podía sacarme la ropa, porque hacía frío y porque en el islam la desnudez no está bien vista. No me pude quitar el olor.

Cuando mi compañero encontró un taxi, discutimos mucho hasta que llegamos a un acuerdo con el precio:

50 dólares. En Marruecos es muy común el tráfico de dólares y todos saben que los inmigrantes siempre llevan dólares consigo. Esta vez, le tocó pagar a mi compañero que llevaba un billete de 100 dólares, no sin otra discusión porque el conductor nos intentaba hacer creer que no tenía cambio.

Me senté en el asiento trasero para no molestar al taxista con el mal olor de mi ropa, no fuera que cambiara de opinión y se arrepintiera de llevarnos.

Cuando el coche empezó a moverse caí en una especie de trance, durante el cual fui transportado de nuevo a todos los lugares por los que había pasado desde que dejé Serekunda, lugares a los que luego llamé «la tierra de nadie».

Ya en Takadum, caminamos por un sendero hasta un parque, donde encontramos a un grupo de jóvenes árabes. Uno de ellos dijo en mandinka, mi lengua materna:

–*Ali naci* –es decir, «venid y sentaros».

Fue una grata sorpresa poder hablar en mi lengua, especialmente teniendo en cuenta que el joven era marroquí y nunca había estado en Gambia. La había aprendido interactuando con los emigrantes gambianos y senegaleses que había ido conociendo.

Con la ayuda de estos jóvenes, pudimos llegar al fuwai del hombre sarakule, que estaba en la tercera planta de un viejo edificio de madera. O tal vez no era tan viejo, pero se notaba que no había sido reparado en muchos años. El olor que venía del interior, olor a abandonado y sucio, no era una prueba fácil de superar si no habías vivido lo mismo que nosotros en los últimos días.

El chico árabe que nos hacía de guía se paró y llamó a la puerta, pero pasó más de media hora hasta que hubo una respuesta. Alguien pronunció algunas palabras en árabe y Jatoh contestó, tras lo cual se abrió la puerta. Fuimos recibidos por el ayudante del fuwai, quien nos mostró la vivienda. Había muchos jóvenes que también esperaban llegar a Tánger, el puerto marítimo desde el cual una canoa o patera los debía llevar hasta España.

Nos dieron un sitio para descansar, junto a unas ochenta personas procedentes de todos los países de África dispuestas a arriesgar su vida en la travesía a España. Algunos habían pagado hasta 1.300 dólares por el transporte hasta el puerto y el viaje en patera a España. Mejor no describir cómo dormíamos, ni lo que comíamos.

Supuestamente, si uno tenía dinero, no había de qué preocuparse. Yo aún estaba esperando dinero de mi amigo de Canadá para poder pagar al amo del fuwai, y para otros gastos, en caso de acabar perdido o surgir algún problema.

Había muchos fuwais en la zona, tanto para los de Gambia como para los de Malí, Ghana y Nigeria. Los jefes de los fuwais eran intermediarios que se encargaban de toda la organización necesaria para que los inmigrantes viajaran ilegalmente.

Nuestra primera noche en el fuwai no fue tan tranquila como esperábamos. Nos despertaron bruscamente a todos porque había sospechas de que la policía asaltaría el fuwai esa misma noche. Tuvimos que caminar un buen rato bajo la lluvia, aún encontrándome en muy mal estado físicamente; si me quedaba en el fuwai, corría el riesgo de ser arrestado por la policía.

Subimos a una montaña, mientras llovía a cántaros. Terminamos empapados hasta los huesos, sin encontrar un sitio donde refugiarnos, mientras ríos de agua bajaban de lo alto de la montaña a la ciudad. Pasamos la noche en esas condiciones, y también el día siguiente, hasta que a las ocho de la noche, todavía lloviendo, el ayudante del fuwai nos dio la orden de regresar. El amo del fuwai no estaba, porque vivía en algún lugar de la ciudad y venía a diario a revisar los recién llegados y a controlar los movimientos.

En el interior del fuwai, se notaba que había estado la policía.

La segunda noche, nos despertaron otra vez con la amenaza de una posible redada policial, pero esta vez preferí quedarme escondido en el fuwai.

Cuando todos salieron, acomodé unos cuantos colchones vacíos y me puse a dormir debajo de ellos como si no hubiera nadie en la vivienda. Escondido debajo de unos colchones me sentía protegido y, además, si hubiese tenido que pasar otra noche como la anterior, me hubiera rendido y habría sido devuelto a Maghnia. Mi colchón era ahora el trozo del cielo que me cuidaba.

De pronto, aparecieron el jefe del fuwai y su hija, que removieron todo buscando algo de valor o que les fuera útil. Después de recoger todo lo que les interesaba, se fueron, sin detectar mi presencia. Así es como muchos miembros de la cadena de emigración consiguen obtener dinero, que, muchas veces, utilizan para pagar sus propios viajes a Europa. Trabajan como jefes de fuwais o gidos durante un tiempo como un modo de conseguir dinero para emigrar ellos también.

La policía nunca apareció.

Cuando los demás regresaron de la montaña, descubrieron que todos los bienes de valor, incluyendo teléfonos móviles, ropa, un televisor, etcétera, habían sido robados, supuestamente por la policía.

Un buen día, tras un mes de estancia en el fuwai, recibí 1.500 dólares de mi amigo de Canadá. Utilicé 1.300 para pagar el trayecto desde Rabat hasta las islas Canarias. Y me compré ropa para el viaje, más fina y elegante, y un teléfono móvil.

Afortunadamente, durante el tiempo de espera no hubo ninguna deportación.

13. Segundo intento de llegar al mar

Inmediatamente después de que escuché mi nombre en la lista de las personas que participarían del combate al mar, hice la compra de alimentos necesaria para el viaje que iba a empezar esa misma noche, con destino a El Aaiún, una gran ciudad de Sahara Occidental.

Poco antes de la hora de salida, el amo entró en el fuwai con algunas noticias trágicas. Aparentemente, una patera había tenido un accidente en alta mar y no había sobrevivido ninguno de los muchos inmigrantes que viajaban en ella. La noticia nos partió el corazón, pues muchos de los fallecidos procedían de nuestro fuwai.

Pensé que esto complicaría y atrasaría nuestro combate, pero los preparativos continuaron según lo previsto. El gido, un marroquí, iba a recoger a los sesenta y tres pasajeros en el punto de encuentro; y luego un transporte nos llevaría a El Aaiún, desde donde cruzaríamos a las islas Canarias por mar.

Yo estaba preparado con mi comida y veinte litros de agua. Muchos pensamientos y temores sobre cómo sería mi llegada a España cruzaron mi mente: ¿nos arrestarían, deportarían, o incluso nos castigarían con la pena de muerte? Mis oraciones seguían sin respuesta.

El gido llegó a medianoche, en plena lluvia, e inmediatamente todos lo seguimos. Uno tras otro fuimos llamados a ponernos en fila india en la calle. Aún con mucha lluvia y neblina, fuimos a donde unos hombres estaban esperando junto a una furgoneta, y con una porra en la mano para controlar cualquier conflicto que pudiera surgir. En un monovolumen con capacidad para dieciocho personas, nos apiñamos treinta y dos. El resto quedó esperando hasta que la furgoneta regresara e hiciera un segundo viaje.

No fue un viaje muy cómodo, muchos lloraban por la falta de espacio para moverse y respirar bien.

Después de una hora, el conductor hizo una parada en las afueras de Rabat y nos ordenó que nos escondiéramos en un vertedero de basura.

Seguía lloviendo con fuerza. En un primer momento, nadie quiso hacerle caso, pero uno tras otro fuimos obedeciendo a fuerza de palizas. Yo recibí azotes muy fuertes en los pies; a otros les rompieron las manos, y hubo quienes sufrieron todo tipo de heridas. No fue fácil caminar en la oscuridad a través de pantanos después de la paliza recibida. Nos quedamos a esperar que el conductor regresara de su segundo viaje. El tiempo era realmente malo, y llorábamos de frío.

Cuando llegó el segundo grupo, nos metieron a todos dentro de un camión y empezó el viaje.

En medio de la noche, el camión hizo una parada tres kilómetros antes de un puesto de control policial y nos ordenaron desalojarlo. El camión tenía que pasar el control vacío, por lo que tuvimos que caminar unos cuantos kilómetros dando un rodeo al puesto. El conductor dijo que nos recogería luego de pasar el control. Me asaltó el temor de que nunca nos recogiera.

Todavía seguía lloviendo mientras esperábamos a un lado de la carretera el retorno del conductor. Temeroso de lo peor, hice varias llamadas desde mi móvil a nuestro hombre de contacto, y le expliqué lo que nos había sucedido. Me contestó que tuviéramos paciencia, que el conductor iba a regresar pronto.

A la mañana siguiente, el conductor no había regresado aún. Usé el último saldo de mi móvil para hablar de nuevo con nuestro hombre de contacto. Todo lo que pudo responder era que, según él, no había nada de qué preocuparse, y que sólo cabía esperar. Lo único que queríamos oír en aquel momento era «entrad en el camión», y las palabras de consuelo del hombre de contacto ciertamente no nos reconfortaron.

Teníamos comida, pero con tanto frío como hacía comer era un suplicio; además, el miedo a la muerte nos quitó totalmente el apetito.

Se hicieron las ocho de la tarde y el conductor todavía no había aparecido. No mucho más tarde, unos jóvenes árabes nos detectaron y, en un breve intercambio de palabras, les explicamos nuestra situación. Desgraciadamente, nos tendieron una trampa, porque dos horas después, los vimos regresar con unos hombres uniformados. Nuestros corazones se llenaron de miedo y no hubo tiempo ni posibilidad de escapar. Los hombres de uniforme nos arrestaron y nos llevaron, una vez más, a prisión.

Enseguida aparecieron unos hombres con cámaras que intentaban grabar el momento de nuestra detención, pero la policía les ordenó que desalojaran el lugar. Un joven senegalés contó a un fotógrafo todo lo que sabía sobre el funcionamiento del equipo de contacto y sobre el fuwai de Rabat, lo que significaría probablemente el arresto de nuestro hombre de contacto, así que todas mis esperanzas de poder retomar el viaje se desvanecieron.

Al entrar en el autobús de la policía, la gente del lugar nos insultaba. Fuimos escoltados por cuatro policías militares en motos con las sirenas y luces lanzando destellos por la carretera, como si fuéramos delincuentes peligrosos.

Llegamos a la comisaría después de cuatro horas de viaje, y de inmediato fuimos declarados bajo arresto. Cuando nos preguntaron por nuestra identidad, todos dimos nombres y direcciones falsas. El nombre que elegí fue *Ebe ta mena*, que en mandinka significa «iré y volveré». *Nbulang ebi ta*, «déjame me iré», fue el nombre que dio mi amigo.

Tras cumplir con varias formalidades, fuimos llevados a una celda, donde esperaríamos la deportación. El joven que había dado información muy detallada fue llevado a Rabat, para un interrogatorio más profundo sobre el funcionamiento del sistema «en cadena», como se conocía al procedimiento utilizado por los hombres de contacto para transportar a los inmigrantes hasta Europa.

Pasamos la noche en la celda, sin comida. Todo lo que llevábamos encima fue confiscado por la policía. A la mañana siguiente nos llamaron a todos por el nombre que habíamos dado, lo cual nos hizo sonreír. Algunos de esos nombres significan insultos a la policía, pero ésta no se dio cuenta.

Al día siguiente, como sólo habíamos bebido agua del grifo, empezamos a gritar: «¡Comida, comida!». Cuando nuestra voz alcanzó un volumen potente, los agentes no dudaron en golpearnos fuertemente con sus porras.

A las ocho de la mañana, llegó desde Rabat la orden de deportación.

Después de tres días de arresto, fuimos enviados de vuelta a Maghnia en un autobús escoltado por la policía. Oujda fue la primera parada, donde tras registrar nuestros datos, el comandante ordenó a nuestro gido que nos llevara a pie a la frontera con Argelia.

En cuanto los guardias se alejaron de nosotros, nos pusimos a discutir sobre qué hacer. Algunos decidieron volver a Maghnia acompañados por el gido, pero yo y otros tres jóvenes acordamos no ir a Maghnia y seguir nuestro camino. Ir a pie a Maghnia no era seguro, porque no teníamos nada de comida. Además, si nos quedábamos en Oujda, con un poco de suerte, podríamos encontrar a alguien que nos pudiera llevar de regreso a Rabat.

A primera hora de la mañana, en un día muy frío, pasó un joven que nos saludó en árabe. Le devolvimos el saludo y nos preguntó qué hacíamos allí entre los matorrales. Le dije que estábamos perdidos y que queríamos ir a Rabat. Su inesperada aparición me había parecido extraña, y sospeché que precisamente se trataba de alguien que se ganaba la vida haciendo pasar ilegalmente a inmigrantes. Me equivoqué, pero sí que conocía a un contrabandista experimentado que posiblemente podría ayudarnos a llegar a Rabat. No sabíamos si debíamos creerle o no, después de todas las trampas en las que habíamos caído, pero decidimos seguirlo. Nos hizo caminar durante varias horas, hasta que llegamos a un pequeño huerto a las afueras de Oujda.

El joven intentó hacer una llamada con su móvil, pero se le agotó el saldo. Yo llevaba encima unos 150 dólares para pagar el trayecto a Rabat. Uno de mis compañeros sólo tenía un billete de 50 dólares, y se lo dio al árabe para que recargara su tarjeta, con la condición de que le devolviera el cambio. Con el dinero en la mano, el joven se marchó en busca de saldo. Tan pronto como se fue, nos asaltaron las dudas de si habíamos actuado bien, de si no hubiera sido mejor haber ido con los demás a Maghnia, aunque yo creía que con esta última alternativa habríamos acabado peor.

Estábamos en el primer día del ramadán, el mes de ayuno musulmán, por lo que pensamos que seguramente el joven se habría ido a comer, justo antes de empezar el ayuno, y que por esto se demoraba. Incluso nos ilusionamos pensando que a su regreso nos traería algo de comida, después de dos días sin probar bocado.

Efectivamente, el joven volvió, con unas cuantas provisiones de alimentos, y había conseguido ponerse en contacto con el contrabandista, que nos estaba esperando.

Nuevamente lo seguimos, lo cual no era fácil, porque tenía un ritmo demasiado ágil para nuestro estado físico, especialmente para mis pies, que todavía estaban en malas condiciones.

Tras varias horas de caminar sin pausa, el joven llamó por el móvil a alguien, y luego nos dijo que se nos estaba haciendo tarde y que ya era imposible llegar a la casa del contrabandista, pues había vigilancia policial por la zona. Nos prometió que nos recogería al día siguiente; no quería que pasáramos la noche cerca de su casa, por temor a que alguno de sus vecinos lo denunciara a la policía. Así que nos acompañó a una vieja casa en ruinas, sin techo, donde podríamos escondernos. Eran las ocho de la mañana, y no teníamos ya nada de comida ni agua.

Entonces, sí que pensamos en contactar al grupo de compañeros que estaban de camino a Maghnia. Pero, por desgracia, la comunicación por teléfono fue imposible porque no teníamos saldo en nuestros móviles y además las baterías estaban casi descargadas. Sabíamos cómo recargar las baterías conectándolas a baterías de radio. Lo intentamos, pero no tuvimos suerte: las baterías de la radio también estaban planas como una tabla.

Eran más de las ocho de la noche del día siguiente cuando un compañero recibió una llamada de un sobrino que estaba en el grupo que iba a Maghnia, quien nos informó de que aún no habían llegado y que el hombre de contacto en Rabat les había dicho que esperaran a que llegara un gido. Se encontraban por los alrededores del aeropuerto de Oujda, cerca de la frontera con Argelia, y nos dio instrucciones para llegar hasta allí. Desde donde estábamos, podíamos ver la luz roja de la torre de control del aeropuerto, lo que nos hizo creer que sería fácil llegar hasta ellos.

Así que en lugar de esperar al joven árabe hasta la mañana siguiente, nos pusimos en marcha para reunirnos con el grupo antes de que llegara el gido que los llevaría de vuelta hasta Rabat. Pero justo cuando estábamos a punto de marchar, apareció en escena el joven árabe acompañado por dos amigos. No podía entender nuestra impaciencia y que nos fuéramos sin haber visto al contrabandista, que nos estaba esperando. Le expliqué que lo habíamos estado esperando durante muchas horas y que no podíamos desaprovechar la oportunidad que teníamos de regresar a Rabat.

Nos mantuvimos firmes en nuestra decisión y nos encaminamos hacia el aeropuerto. No éramos conscientes de la distancia, y llegar a donde estaba esa luz roja nos llevó tres horas, caminando sin parar, en plena noche, con los estómagos vacíos, hambrientos y sedientos. No sabíamos con exactitud dónde se hallaban nuestros compañeros y los buscamos un buen rato, muy cuidadosamente ya que nos hallábamos en zona vigilada por la policía, pero no pudimos encontrarlos.

Desesperados y débiles seguimos deambulando pero todo fue en vano. Resultó que la luz no era del aeropuerto, y nos había llevado en dirección hacia Argelia, cuando nuestra intención era ir hacia Marruecos.

Era imposible volver a la ciudad para hacer una llamada telefónica o comprar un poco de comida o agua, ya que ello podía acabar en arresto. Así que empezamos a caminar con la esperanza de encontrar de alguna manera a nuestros compañeros, aunque estábamos totalmente desorientados.

Después de caminar toda la noche por la montaña, mis compañeros me manifestaron su enfado porque yo había interpretado mal la luz roja. Decidimos que era mejor descansar hasta el amanecer, pues con la niebla que descendía de la montaña íbamos a desorientarnos totalmente.

Mientras buscábamos un lugar seguro para descansar, descubrimos un estanque lleno de agua. Fue una grata sorpresa, ya que llevábamos dos días sin beber ni una gota. Bebimos inmediatamente, a grandes sorbos. Después buscamos algunas ramas secas para hacer un fuego que nos calentara un poco y nos ayudase a dormir.

Con la primera luz del día, desperté a mis compañeros y fuimos hasta el estanque para llenar nuestros envases de agua. Luego reemprendimos la marcha, cuesta arriba y cuesta abajo por senderos montañosos que, con un poco de suerte, nos llevarían hasta alguna persona que nos ayudara. Caminamos desesperadamente durante todo el día bebiendo únicamente agua, sin consumir nada sólido.

En la cima de una montaña, divisamos un pueblo, pero llegar representaría muchas más horas de caminata, imposibles en nuestro estado. Fue entonces cuando uno de los compañeros se desplomó en el suelo. Su situación era delicada. Él quería que lo dejáramos allí y siguiéramos sin él, pero yo no podía aceptarlo. Pedí a los otros dos que me ayudaran a cargarlo a mis espaldas, pero ninguno quiso ayudarme. Nos los culpo; era evidente que no viviría mucho más y cargarlo era arriesgar nuestra propia salud. Así que luché solo con su peso y me las apañé para cargarlo. Caminando penosamente con él a cuestas, fui perdiendo distancia de los demás.

Sobre las cinco de la tarde, uno de mis compañeros me avisó que el joven estaba muerto. Me negué a creerle, pensaba que sólo estaba dormido y que necesitaba un poco de agua. Intenté darle agua, pero no sirvió de nada. Estaba muerto, más muerto que una piedra, y no podía responder a mis gritos. Nos quedamos un rato sentados a su alrededor, rezando por él y por su familia, que lo esperaba en su casa.

Después, dejamos el cuerpo y seguimos caminando durante toda la noche. Habíamos perdido mucho tiempo y teníamos que recuperarlo. Pero pronto la noche se volvió muy fría, así que decidimos buscar algún refugio para esperar el amanecer. Esta vez no teníamos recursos para hacer un fuego, por lo que tuvimos que mantenernos muy juntos para no perder el calor corporal.

La noche fue muy silenciosa. No teníamos comida ni agua, habíamos presenciado la muerte de nuestro compañero de viaje y no sabíamos hacia dónde ir. Estábamos muertos de frío, acurrucados y llenos de angustia. Tal vez un poco de contacto humano nos habría levantado la moral.

Como no podíamos rendirnos ni perder tiempo, con las primeras luces del día retomamos la marcha.

De pronto, oímos el ladrido de un perro, no muy lejos de donde nos encontrábamos. Nos dirigimos al lugar de donde creíamos procedía el sonido. Al cabo de un rato, vimos a un granjero con un rebaño de ovejas y nos acercamos a él de inmediato. Era un chico joven e intentamos hablar con él en árabe. A pesar de que sólo entendía un poco, logramos entendernos.

Amablemente, nos ofreció un poco de agua y, para nuestra gran alegría, nos dijo que su hermano trabajaba como hombre de contacto, y que podría ir a buscarlo.

Estábamos encantados con la noticia, pero habíamos perdido la esperanza. ¿Realmente iba a regresar con su hermano?

Permanecimos escondidos varias horas, inseguros de si el joven volvería pero sin ninguna otra opción más que confiar.

No había pasado mucho tiempo cuando regresaron el granjero con su supuesto hermano, que llevaba un rifle debajo del brazo. Nos dio un miedo terrible de ser atacados. Pero no había que temer, traían también un poco de pan seco.

El hermano nos explicó que pertenecía al equipo de un hombre de contacto que podía representarnos en Rabat, y que si pagábamos 30 dólares nos llevaría hasta él. Sin pedirle más información, le di la mitad del dinero que pedía.

Nos quedamos nuevamente solos. Teníamos instrucciones de no encender ningún fuego, por razones de seguridad. Y otra vez se hizo de noche.

A las once de la mañana regresó el joven con su hermano y dos personas más. El hermano nos dijo que había contactado con uno de los gidos, que estaría de regreso a la noche siguiente. Aceptamos –¿qué más podíamos hacer?–. Pero le dije que necesitábamos urgentemente comida y agua, y tal vez uno o dos cigarrillos. Nos contestó que no había tales provisiones en su casa, sino únicamente en el pueblo. Así que le di 50 dólares para que fuera a comprarnos algo. Prometió regresar pronto.

Regresó a la una de la madrugada. Estábamos casi muertos de hambre y de frío. Al notar que venía con las manos vacías, le reclamé la comida; su respuesta fue que había perdido el dinero y que no había podido comprar nada.

Rápidamente, nos llevó hasta el gido que venía de Maghnia con el grupo con el que teníamos que reunirnos para viajar a Rabat. Lo más importante entonces no era la comida, sino seguir caminando a un ritmo rápido.

Después de una pesada caminata de dos horas, llegamos a un lugar donde recibimos instrucciones de esperar hasta que llegara el grupo del combate. No podíamos más que obedecer, ya que no teníamos nada encima y estábamos en las últimas físicamente; era una cuestión de vida o muerte.

Eran las tres en punto de la tarde cuando llegó el grupo de combate de Maghnia con un gido. Después de un breve intercambio de palabras entre el gido y el hermano del chico, nos unimos al grupo, donde había tanto caras nuevas como conocidas.

Pasamos varias horas allí en la montaña esperando, y más tarde nos llevaron a una gran cueva que haría de alojamiento hasta la mañana siguiente, cuando llegaría el transporte para llevarnos a Rabat.

Las personas del grupo se portaron muy bien con nosotros, nos dieron comida y bebida.

Por la noche, el gido regresó y nos informó de que no habría transporte durante unos cuantos días. Algunos jóvenes que ya habían hecho este viaje nos dijeron que se trataba sólo de un juego que hacían los gidos para cobrar más dinero a los inmigrantes, porque como éstos se iban quedando sin provisiones les vendían comida a un precio muy elevado, hasta que se quedaban con todo el dinero del grupo. Desesperadamente necesitados de comida y agua como estábamos, no había forma de cuestionar o rechazar sus precios abusivos.

Al tercer día, ninguno poseía un dirham ni una barra de pan. Tuvimos que gatear por los huertos cercanos en busca de agua y de fruta lo suficientemente madura para aliviar el hambre y mantenernos vivos. Al caer la noche, buscamos ramas y palos de las vallas de los jardines para hacer un fuego y protegernos del frío, pero empezó a llover y, como no teníamos nada para protegernos, tuvimos que aguantar.

La noche anterior a la partida, dos personas perdieron la vida.

A la mañana siguiente, los gidos regresaron y nos ordenaron prepararnos. Cuando vieron los dos cuerpos sin vida, insistieron en llevarlos a una cueva cercana y taparlos con rocas, para no dejar huellas.

Aproximadamente a las diez de la noche, el gido hizo un recuento para confirmar la cantidad de personas. Éramos ochenta y tres jóvenes. Sin haber comido prácticamente nada durante varios días, todos estábamos abatidos.

Al rato apareció un gran camión con un grupo de jóvenes árabes, cada uno de ellos con un palo, que nos guiaron hacia el interior del camión, que estaba dividido por filas de barras de acero. En cada fila, tenían que colocarse diez personas. Era un contenedor sin ventilación.

Antes de que el camión arrancara, alguien empezó a llorar, y enseguida el llanto se contagió a todos los pasajeros, incluido yo. Ninguno creía poder aguantar mucho tiempo la falta de aire y de espacio. Pero así aguantamos varias horas.

Era mi segundo intento de llegar al mar en dirección a España.

14. Última parada

Tras un viaje nocturno terrible que nunca olvidaré, finalmente llegamos a Rabat hacia las cinco de la mañana. Apenas se detuvo el camión, un nuevo grupo de contacto nos llevó a Takadum. Nos guiaron luego hasta el fuwai, a cuyo amo había conocido en mi primer viaje. Allí nos dieron colchonetas para poder reposar nuestra cabeza hasta la mañana siguiente. A pesar de que dormir en colchonetas era un lujo, no pude dormir en toda la noche debido al mal olor de nuestra ropa, y a que pensamientos de todo tipo rondaban por mi cabeza.

Al igual que la vez anterior, se necesitaron tres semanas para unir a los miembros del combate, a pesar de que todos habían pagado su pasaje.

El fuwai había cambiado desde mi anterior visita: estaba más ocupado, faltaban los calentadores de gas que producían agua caliente y la comida era insuficiente. Además, había muchas peleas entre sus ocupantes, principalmente por la escasez de espacio para dormir, y por supuesto por el estrés y la ansiedad que todos acumulábamos.

Esta vez pagué 300 dólares para poder llegar al mar. La primera vez había pagado 1.300 dólares, y como el intento resultó infructuoso, ahora pagaba menos.

Había oído hablar muchísimo de accidentes y de todo tipo de muertes durante el combate. Esto por supuesto me daba mucho miedo, pero no tenía ninguna intención de renunciar a todo lo que había pagado, ni de desilusionar a mi familia y amigos.

La noche anterior al combate, llegó al fuwai el hombre de contacto con la lista de las setenta personas que participarían, entre las que me encontraba.

Al día siguiente, por la noche, empezó el combate. Cuarenta personas fuimos en una furgoneta hasta las afueras de Rabat, donde permanecimos escondidos mientras el conductor fue a buscar a los otros treinta. Luego vendría un camión que nos llevaría a todos al Sahara.

Se nos aconsejó no fumar ni hacer ruido, ni siquiera toser, una orden muy difícil de cumplir, ya que la mayoría teníamos problemas de pecho, tal vez como resultado de haber llevado pesadas cargas en la espalda, y el frío y la humedad que soportamos.

Cuando llegó el segundo grupo, alrededor del mediodía, ya estaba el camión estacionado a un lado de la carretera. Mientras el conductor reparaba un pinchazo, nos introdujeron rápidamente en el interior, junto con nuestra comida y agua. Los gidos se mantenían alejados de la escena; a ellos sólo les concernía que las puertas del camión estuvieran bien cerradas.

Las condiciones en que viajamos al Sahara fueron las mismas que en el combate anterior: falta de ventilación y hacinamiento máximo, y enseguida la tensión aumentó. Pero el conductor, indiferente a nuestro sufrimiento, sólo se detuvo cuando llegamos al Sahara, a las seis de la mañana.

Cuando se abrió la puerta del camión y fuimos saliendo, descubrimos que dos personas habían muerto. El gido fue quien empujó los dos cadáveres al suelo.

Entonces, seguimos indicaciones para ir a un escondite, mientras el gido llevaba los cuerpos al mar, para que nadie nos siguiera la pista. Nos dijeron además que si un helicóptero volaba, debíamos tirarnos al suelo.

Estuvimos escondidos en una vivienda abandonada hasta el día siguiente. Por la tarde, pareció como si el tiempo se hubiera detenido. Temíamos ser abandonados, justo cuando faltaba muy poco para alcanzar nuestro tan ansiado destino. Y como no sabíamos qué hacer, nos pusimos a rezar, tanto con oraciones cristianas como musulmanas.

Al caer la tarde, aparecieron tres Land Rover. Uno de los gidos salió y nos llamó con señas. Corrimos a sus órdenes.

Nos dividimos en tres grupos, cada uno de los cuales ocupó un vehículo, dispuestos a continuar el viaje hasta el mar. No se nos permitió subir a bordo todos nuestros alimentos ni los suministros de agua; el mismo gido los lanzó fuera de las furgonetas.

Creo que sufrimos más en el interior del Land Rover que en el último camión, porque el tiempo parecía durar más que el día anterior.

Llegamos a nuestro segundo escondite a las nueve de la noche, físicamente hundidos tras superar otra prueba de resistencia. Allí pasaríamos la noche, sin agua ni comida, y sin los gidos, que antes de irse nos advirtieron de que no nos moviéramos, porque los del Frente Polisario, militantes del movimiento de lucha por la liberación del Sahara, habían colocado muchas minas terrestres.

Por la mañana, los gidos regresaron en los Land Rover para continuar con el viaje, sin suministros de alimentos ni de agua. Otra vez nos dividimos en tres grupos, uno por cada vehículo. Y nuevamente los gritos y la agresión provocados por la incomodidad en la que viajábamos.

Después del mediodía llegamos a un arroyo, que nos obligaron a cruzar caminando o nadando. Todos nos mostramos reacios a obedecer, ya que la corriente de agua bajaba muy rápido, pero enseguida los gidos nos convencieron amenazándonos con sus palos. De hecho, dos personas que estaban en el arroyo y no se atrevían a dar un paso fueron golpeadas de tal manera que cayeron y fueron arrastradas por la corriente. Aunque escuchamos sus súplicas de ayuda, no había nada que nosotros pudiéramos hacer para salvar a estas pobres víctimas, y no las volvimos a ver.

Entonces, recibimos la orden de esperar donde estábamos, hasta que un gido ató al camión una larga cuerda y nadó aguantándola, a fin de que nos sujetáramos a ella y llegáramos a la otra orilla. Esto fue una gran ayuda, que de haberse producido antes, hubiera salvado la vida de dos personas. Cuando todos nos encontramos en la otra orilla, quisimos celebrar una oración por los fallecidos, pero los gidos no quisieron perder tiempo. Personas de corazón frío, así son los gidos.

Nos subimos de nuevo a los vehículos y continuamos la marcha hacia el mar.

Tras una larga caminata, llegamos al último lugar de descanso, un escondite donde nos unimos a otros compañeros que habían llegado antes.

Nos encontramos también con personas que estaban esperando en este lugar desde hacía más de un mes. Habían entregado el dinero a manos equivocadas, a personas que ni siquiera formaban parte de la conexión y que los habían dejado abandonados sin botes con que cruzar. Los gidos se ofrecieron a añadirlos a nuestro grupo, si pagaban el pasaje. Los que no tenían dinero seguramente terminarían rindiéndose y entregándose a la policía, desesperados de hambre.

Había además un líder, un hombre que servía como mediador entre los viajeros y los gidos; era el representante de cualquier persona que deseaba cruzar el mar y su trabajo era velar por que todos cruzaran a salvo.

El equipo de contacto nos informó de que no había muchas personas en el mar en ese momento.

Este escondite, llamado Trangkilo, era muy frío. La comida y el agua seguían siendo una gran preocupación, pero cada dos días el gido nos proveía con agua, veinte litros para compartir entre todos, y a veces pasaron de tres a cuatro días en los que no recibimos nada.

Por entonces, sólo me quedaban 25 dólares, el dinero suficiente para comprar un poco de pan, cinco latas de sardinas y un frasco de comida precocinada. Con ello viví durante los siguientes veinticinco días antes de cruzar el mar, mientras fui testigo de la muerte por inanición de cuatro personas, y de la rendición a la policía de otros tantos, dispuestos a ser deportados a Argelia para poder comer algo. Algunos incluso se fueron del escondite, en busca de alimentos y agua, y nunca más los vimos.

El líder dormía en una confortable cama dentro de una cueva, mientras que nosotros pasábamos el día entero, aun cuando el sol estaba en su punto más alto, al aire libre. Pensaba en mi familia, que estaba esperando mi ayuda económica desde España, ¡y yo todavía en África, sin estar seguro de poder cruzar el mar!

Después del vigésimo cuarto día de espera, muchas personas ya nos habían dejado para ir al mar, muchas de cuales murieron ahogadas. Estas noticias aún no me disuadían de intentar cruzar.

Justo entonces seis muchachos y yo fuimos seleccionado por el líder, con el asesoramiento de los gidos, para iniciar la travesía al mar. Pero antes teníamos que construir nuestras propias barcas, siguiendo las instrucciones del capitán. Nos llevaron en coche, acompañados por los gidos, hasta un campamento donde nos proporcionaron un poco de pan, galletas, azúcar y agua, además del techo de las tiendas, y también nos permitieron encender fuego durante la noche. Tales placeres se debían a que debíamos estar en buenas condiciones físicas para trabajar en la construcción de las barcas.

Comenzamos el trabajo de madrugada, junto a los gidos. La tarea consistía, básicamente, en fortalecer con pintura la madera y atornillar las tablas. Tardamos tres días para dejar los dos cayucos –unas sencillas canoas– listos para la travesía marítima, o al menos así lo creíamos.

Cuando el trabajo estuvo terminado, el gido nos aconsejó seguir con ellos en lugar de volver al escondite, porque tal vez esa misma noche iríamos hasta la costa.

15. En medio del mar

Conscientes de lo que había ocurrido con muchos inmigrantes en la travesía en el mar, pronunciamos una oración por el éxito de nuestro propio viaje.

Todo estaba preparado, sólo restaba esperar a que un vehículo nos recogiera, con los cayucos, y nos llevara junto a los otros sesenta y cinco viajeros con los que nos lanzaríamos al mar.

Llegaron dos furgonetas, nos subimos cuatro en cada una, y viajamos estirados en el suelo debajo de la canoa.

Ya en Trangkilo con el grupo al completo, esperamos hasta las dos de la madrugada, cuando nos dividieron en dos grupos, de treinta y seis personas cada uno, incluido el capitán y veinte litros de combustible. Las dos jóvenes marroquíes que viajaban con nosotros fueron separadas, cada una en una canoa.

Las canoas soportarían el peso de un motor fueraborda a través del mar.

Nos pidieron que nos quitáramos las joyas que llevábamos, porque existía la creencia, especialmente en la cultura del Sahara Occidental, de que a quien usara joyas podría ocurrirle un accidente. Según nos explicaron, el espíritu del océano prohibía usar ese tipo de objetos. Algunos se negaron a quitarse sus pertenencias y fueron sometidos a fuertes golpes. Dos de ellos resultaron tan gravemente heridos que no pudieron acompañarnos en el viaje. No tuvimos noticias de ellos nunca más.

Cuando entregamos todas nuestras posesiones, impulsamos las canoas hacia el mar, contra la fuerte corriente de las olas. Parecía imposible, pero después de algunos intentos, los gidos consiguieron poner los motores en marcha.

Por fin estábamos navegando.

Al poco rato, el agua comenzó a entrar a la canoa, debido a que ésta era muy pequeña y las olas eran muy altas. Además, el agua también se colaba por la parte inferior de la canoa. El capitán nos dio cuatro ollas vacías para que sacáramos el agua que entraba. La segunda canoa, que nos seguía, estaba sufriendo el mismo problema.

Según una superstición gambiana, no era correcto tener alguna mujer entre tantos hombres, y temí que por llevar a una mujer nos podría ocurrir algún accidente.

A las tres de la mañana, estábamos inmersos en medio del mar, y las olas eran incluso más grandes. El agua penetraba desde todos los ángulos y enseguida se hizo evidente que estábamos en peligro. El capitán perdió el control de la canoa y el motor se detuvo completamente.

Muchas personas comenzaron a vomitar y perdieron el conocimiento. Algunos seguíamos arrojando el agua fuera. De pronto, una ola elevó la canoa muy alto y luego la bajó como si canoa fuese un yoyó. Sólo quedaba tener fe, y sujetarse fuerte por los lados de la canoa. Como estaba tan oscuro, no podíamos vernos las caras, que seguramente estarían transfiguradas por el terror.

A unos cientos de metros, detectamos la luz de la otra canoa, desde donde llegaban gritos de socorro. La luz, en realidad, era fuego, producto de una explosión provocada por el gasóleo de los motores.

Después de un corto tiempo, todo se tornó muy silencioso y perdimos el rastro de la canoa.

Sabía que la mayoría de las víctimas de este trágico accidente eran gambianas, malienses y senegalesas, y algunos de ellos se habían convertido en mis mejores amigos durante nuestra espera en Trangkilo. Ahora nuestra canoa estaba sola, navegando con el movimiento de las olas y con destino incierto. Lo único que podíamos hacer era aferrarnos unos a otros.

Entonces, vimos a la chica marroquí saltar de la canoa en llamas al agua, pidiendo ayuda a gritos, pero se encontraba a bastante distancia de nosotros y lamentablemente no hubo nada que pudiéramos hacer para salvarla. Mientras tanto, el capitán de nuestra canoa trataba desesperadamente de arreglar el motor, pero sin éxito.

La canoa siguió a la deriva toda la noche. Al amanecer, las olas eran más tranquilas, pero aun así no fue posible hacer funcionar el motor. Finalmente, gracias a la ayuda de un chico de Ghana, que era mecánico, se las arreglaron para poner en marcha el motor. El capitán, de nuevo con el control de la canoa, pudo determinar con la ayuda de su brújula en qué dirección nos dirigíamos.

Pero con tantas olas, era difícil reconducir la canoa y no había tierra a la vista donde poder desembarcar. Las constantes vueltas que dábamos provocaron mareos en muchas personas, y hubo un joven que murió.

Continuamos, extenuados, quitando el agua de la canoa. A las diez de la noche, por fin encontramos la costa, la africana. Antes de que pudiéramos atracar, murió un chico de Gambia; le ofrecimos nuestras oraciones y lo arrojamos por la borda. Ése fue su entierro. Era la segunda muerte que se producía en nuestra canoa, y habían muerto los treinta y siete de la otra. Los resultados del viaje eran lamentables.

Después de atracar en la playa, rápidamente fuimos a un escondite. El capitán entonces llamó por teléfono a los gidos de El Aaiún, para que nos rescataran antes de que la policía detectara nuestra presencia.

Tras veinticuatro horas en el mar, estábamos ateridos de frío y temimos morir antes de que los gidos llegaran. Por eso dos personas decidieron ir por su cuenta a buscar ayuda. Ambos fallecieron y sus cuerpos fueron echados al mar.

Luego decidimos cambiar de escondite, pensando que así estaríamos más protegidos del frío, pero sólo conseguimos cansarnos aún más.

Sobre las cuatro de la tarde, llegó un grupo de gidos con vehículos, y nos transportaron de vuelta a Trangkilo, a la espera de otra canoa que nos llevara a la costa de Canarias.

En el escondite, había varias personas amigas o familiares de la gente que viajaba a bordo de la canoa que se había prendido fuego. Fue muy duro tener que contarles lo que habíamos visto.

Mientras esperábamos la nueva canoa, me subió la fiebre, perdí el conocimiento y caí al suelo. Enseguida me hicieron volver en mí a golpes, y luego fui obligado a ponerme de pie.

A mis otros compañeros y a mí, que no habíamos comido nada en setenta y cinco horas, se nos dio media barra de pan. No había agua. Debido a la sed y los recuerdos funestos, tuvimos que luchar mucho para conciliar el sueño.

Al despertarnos por la mañana, no me sentía con fuerzas ni para caminar ni para mantenerme en pie ni para hablar. Los gidos al fin sacaron el agua que tenían en su automóvil y la repartieron entre muchos de los que nos encontrábamos en mal estado. El responsable, que tenía gran simpatía por todos nosotros, me ayudó a hervir un poco de agua, por si estaba contaminada. Con unos pocos tragos de agua, pareció que recuperaba la capacidad para volver sobre mis pies y pronunciar unas palabras.

Por la noche, nos sorprendió ver a los gidos llegar en sus vehículos. Todos los que habíamos estado en la canoa recibimos la orden de prepararnos para el segundo intento. No teníamos ni agua ni alimentos.

Después de esperar tres horas delante del frío mar, llegó un Land Rover con una canoa. Era la misma con la habíamos viajado y ni siquiera se había reparado. Al menos esta vez, como cinco personas habían desaparecido, habría más espacio, aunque la verdad es que no notamos esto como una ventaja, porque nuestro estado físico y anímico era peor que el del primer viaje.

Era muy consciente de que esta vez yo también podría ser una de las frecuentes víctimas de la travesía por el mar. No me podía quitar de la cabeza que mis compañeros ahogados habían terminado siendo comidos por los animales marinos, en lugar de tener un entierro. Todas estas ideas me hicieron llorar y me puse a rezar para que no ocurriera otra tragedia, a pesar de que aún viajaríamos en una precaria canoa.

No podía dejar de pensar en todas esas gentes perdidas en el mar, que habían tenido la esperanza de llegar a Europa para cambiar de vida y ayudar a sus familias a salir de la pobreza. Algunos querían alistarse en el ejército… un montón de sueños que terminaban en el mar. Y me acordé de algo que mi padre solía decirme: «La vida está llena de esperanzas, pero a veces no se pueden satisfacer todas».

Antes de embarcar, fuimos registrados por si llevábamos alguna joya, ya que los gidos decían que nuestro primer intento había salido mal por haber llevado alguna joya, lo cual por supuesto era una total mentira. Cuando terminó el registro, nos ordenaron subir a la canoa, junto al capitán marroquí. Pero como la canoa estaba muy lejos de la costa y las olas eras extremadamente altas, tres personas que intentaron llegar hasta ella rápidamente se ahogaron, por lo que los gidos decidieron llevar la canoa hasta la playa.

Llevábamos poco tiempo en el mar, cuando la canoa empezó a inundarse por la quilla, y otra vez nos pusimos a sacar el agua con cubos. Aparte de este problema, el mar estaba mucho más calmo y seguimos navegando toda la noche.

Al día siguiente, nos detuvimos en mitad del océano.

Navegamos toda la segunda noche hasta que a la mañana siguiente bien temprano nos acercamos finalmente a las costas de Lanzarote, ¡a España! Al llegar a la costa, el capitán detuvo el motor y nos ordenó que desembarcáramos. Con la emoción por la llegada, no nos dimos cuenta de que el capitán había desaparecido rápidamente.

Aún estábamos hambrientos y sedientos, y muy cansados, pero era un alivio pisar tierra firme. Era la una de la tarde cuando empezamos a andar, con la esperanza de encontrar alguna población. Caminamos por senderos de montaña hasta las dos de la madrugada. Tres chicos y yo nos separamos del grupo, y decidimos seguir nuestro propio camino.

Al cabo de dos horas llegamos a un sitio desde el que vimos el aeropuerto de Lanzarote, al que no podíamos llegar por tierra salvo que atravesásemos desafiantes montañas, o nadásemos unos diez o quince metros. Mis compañeros querían regresar al lugar en el que nos habíamos despedido de los demás, pero yo creía que era mejor nadar.

Así que me despedí de los tres chicos, me quité los zapatos y me lancé al mar.

Puedo decir que sólo por la gracia de Dios estoy vivo, porque la corriente marina me empujaba al fondo y por mucho que intentaba resistirme, con mi chaqueta empapada no me era fácil mantenerme en la superficie. De pronto tuve la certeza de que me iba a ahogar, e inmediatamente recé por mi familia y me despedí mentalmente de todos mis conocidos. Por un golpe de suerte, surgí en la superficie y una ola me arrojó hacia una roca grande a la que me agarré con todas mis fuerzas. Sin soltarme de la roca, me quité la ropa excepto la interior, y volví a nadar hasta que alcancé la orilla.

Entonces vi un coche de la guardia civil que se dirigía hacia mí. Pensé en correr, ante la posibilidad de que me deportaran a Gambia, aunque al mismo tiempo me parecía una solución razonable estar de nuevo en mi país, antes que morir de hambre, sed, frío, fatiga y falta de sueño.

Pero no me deportaron. Los guardias civiles estaban allí para salvar vidas. Muy amablemente me dieron agua y comida, y me preguntaron si había llegado con otras personas. Me subieron al coche y cuando llevábamos media hora de viaje, nos cruzamos con algunos compañeros que estaban perdidos, creyendo vivir sus últimas horas de vida. Los guardias también les dieron comida y agua, y nos llevaron a todos a una estación de policía, donde había otros compañeros descansando.

Nos dieron más comida y agua, y también ropa. Registraron nuestros datos personales y nos llevaron al aeropuerto de Lanzarote, donde nos unimos a cientos de personas que ocupaban un edificio sin usar del aeropuerto. Allí nos dieron sábanas, toallas, jabón y muchas otras cosas que necesitábamos.

Mi primera noche en el campo de refugiados de Lanzarote, donde me encontré con muchos amigos que había conocido durante mi largo viaje, fue una de las más placenteras desde que había dejado mi país, un año y algunos meses atrás.

Después de haber sido tratado como esclavo, había recuperado mi dignidad y libertad. El dolor y la tortura eran por fin cosa del pasado y podía permitirme el lujo de una cama decente y confortable.

Claro que nunca podré olvidar la humillación que viví, pero poco a poco las heridas fueron cicatrizando. Nos habían tratado como animales, pero todavía éramos personas, con buen corazón. Y de repente me sentí un héroe, por todas las pruebas que había superado.

La vida en el campamento no era tampoco fácil. Éramos más de doscientas personas. Habíamos pasado tanta hambre durante el viaje, que ahora que estábamos más tranquilos nuestro apetito se despertó y no había comida que nos pareciera suficiente. Las picaduras de los insectos tampoco ayudaban mucho, pero tampoco podía quejarme. Estaba prohibido fumar en el campamento, así que muchos de los que tenían algún cigarro lo cambiaban por comida, dos trozos de pan o algo de leche.

La duración de la estancia en el campamento era generalmente de entre treinta y cuarenta días. A medida que iban llegando nuevos inmigrantes, se iban los que llevaban allí más tiempo, aunque se deportaban a los senegaleses, marroquíes y nigerianos.

Pasé veintitrés días en el campamento, junto con marroquíes y capitanes de canoas que habían quedado encallados en la costa. No dejo de agradecer al gobierno español por su esfuerzo, su excelente servicio de rescate y por todo el respeto que se nos mostró.

16. Empezar una nueva vida en España

El 9 de enero de 2004 llegó la policía con la noticia de que teníamos un avión esperándonos para llevarnos a varias regiones de España.

Me puse muy contento, aunque todavía no sabía muy bien adónde ir. Tenía algunos amigos y parientes en España, pero no tenía sus direcciones ni teléfonos, ni dinero. En nuestros formularios, decía que debíamos ir primero a Málaga, y de ahí a ciudades como Murcia, Lérida, Barcelona o Madrid.

Me vestí con unas prendas de mujer que me dieron –no me quedaban tan ridículas– y embarqué en el avión junto a otros compañeros.

Al aterrizar en el aeropuerto de Málaga, nos esperaba una furgoneta de la policía, con la que nos llevaron hasta una oficina. Allí nos dieron un certificado de permiso de asilo, que significaba que éramos libres. ¡Libres! Llegaba a tierra española un año y seis meses después de haber salido de Gambia, habiendo recorrido más de 17.000 kilómetros, pasando por Senegal, Malí, Burkina Faso, Níger,

Libia, Argelia, Marruecos y Sahara Occidental, y sufriendo lo indecible.

La mayoría contactó con sus conocidos, que les enviaron pasajes de autobús para viajar a su encuentro. Yo tuve que pasar la noche en la calle, y sin comida, pero, a pesar del frío, no fue muy duro porque estaba acostumbrado.

Cuando se hizo de día, todavía vestido de mujer, empecé a dar vueltas, con la esperanza de encontrar una manera de llegar a Barcelona, donde vivían unos parientes. Aunque sabía que, sin comida ni agua ni un céntimo, no iba a ser una tarea fácil.

A las diez de la noche me encontré con un chico de Malí, quien me sugirió que fuera a la estación de autobuses, donde podría encontrar algún refugio para pasar la noche.

Llegué a la estación justo cuando estaban cerrando, así que me senté fuera, a esperar que llegara la mañana siguiente.

Me di cuenta de que algunos hombres se fijaban en mí; les daría lástima, pensé. Al rato, uno de ellos se acercó y me preguntó cómo me llamaba y de dónde era. Intercambiamos algunas palabras más y me invitó a tomar un café y comer algo. Parecía una persona muy compasiva.

Cuando nos alejamos del café, sacó 20 euros de su cartera, que, para mi sorpresa, no me dio. No entendía por qué mostraba ese dinero si no me lo quería dar, sabiendo cuánto lo necesitaba. Comprendí sus intenciones cuando se desabrochó la cremallera del pantalón.

Me giré para salir corriendo, pero él me agarró la mano y me detuvo. Me enfadé mucho y le di un fuerte puñetazo en la cara, que lo tumbó al suelo. Entonces, corrí tan rápido como me lo permitieron mis piernas de vuelta a la estación, donde otros dos hombres se me insinuaron con las mismas intenciones. Los insulté con las palabras que pude y abandoné la estación.

Tan sólo unas horas más tarde, me di cuenta de que probablemente las ropas que llevaba habían creado falsas expectativas sobre mí en esos hombres, y los había llevado a hacerme tales proposiciones.

Eran alrededor de las cinco de la mañana y yo seguí vagabundeando sin saber qué hacer. De pronto, encontré en mi bolsillo el número de teléfono del hermano de mi amigo. Pedí dinero a unas cuantas personas, para poder llamar, pero fui incapaz de encontrar a nadie que me hiciera ese favor. Así que fui otra vez a la estación de autobuses, para pedir al vendedor de pasajes que me ayudara a obtener un billete gratis a Barcelona.

Detrás de la ventanilla, una mujer me dijo que no podía darme un billete gratis, pero se ofreció a llamar ella misma al hermano de mi amigo.

Al otro lado de la línea, el hermano de mi amigo parecía no conocerme. Hacía muchos años que vivía en España y sus recuerdos de Gambia se habían debilitado. Después de explicarle quiénes eran mi madre y mi padre, finalmente se dio cuenta de quién era, y me prometió comprarme un billete a Barcelona.

Mientras esperaba el billete, la mujer me compró un pollo, algunas bebidas y también un paquete de cigarrillos. A las nueve de la noche, comprobó en su ordenador que mi billete ya había sido comprado. Le agradecí profundamente su ayuda.

Ese mismo día, el 10 de enero, dejé Málaga en autobús hacia Barcelona. Era el último tramo del largo viaje que había comenzado casi dos años atrás.

Era la única persona de color dentro del autobús, y encima con ropa de mujer, seguramente debía de llamar mucho la atención y resultar cómico, pero realmente no era algo que me molestase.

El viaje duró toda la noche. El autobús hizo algunas paradas durante las cuales los pasajeros comían algo. Yo no tenía dinero, así que sólo fumaba un poco y estiraba las piernas.

Llegué a Barcelona a las diez menos once de la mañana del día 11 de enero. Al principio me sentía un poco incómodo en esa gran ciudad. Encontré a dos chicos gambianos, con quienes quise conversar, ya que era un placer poder hablar con alguien de mi propia etnia; pero ellos no quisieron conversar conmigo, posiblemente por mi extraña indumentaria. Al parecer enseguida se dieron cuenta de que era inofensivo, porque me ofrecieron ayuda y se las arreglaron para conseguirme unos pantalones y unos zapatos masculinos. ¡Ahora nadie más me haría proposiciones sexuales incómodas!

Les pregunté si conocían a alguien del pueblo de Illiasa, o de Alikalikunda, que es de donde eran mis conocidos. Conocían a un tal Mr. Marong que vivía en Blanes. Muy amablemente, me compraron un billete de tren para llegar a Blanes y me aconsejaron preguntar por él a cualquier persona de color tan pronto como llegara a la estación.

Me sentía muy cerca de mis amigos y parientes. Incluso tal vez ya nunca más tendría que dormir en la calle.

Unas horas más tarde, llegué a Blanes, localidad situada a unos 60 kilómetros de Barcelona y donde todavía resido.

Mr. Marong vivía en la calle Pablo Neruda, pero no estaba en casa. Me recibió una chica llamada Mariama, que fue muy amable conmigo y me ofreció un plato de arroz. Lo comí sin vacilar, e incluso repetí. ¡Tenía tanta hambre!

No pasó mucho tiempo hasta que llegó Mr. Marong, quien, efectivamente, era oriundo del mismo pueblo que yo. Luego de conversar un rato, me ofreció quedarme un tiempo en la casa de su hermano menor.

Pasé dos días prácticamente sin salir de la cama, todavía me costaba mover los pies.

Agradecimientos y peticiones

No puedo dejar de agradecer a todos aquellos que me asistieron dándome comida, agua y refugio durante este difícil viaje a lo largo de ocho países en casi dos años, y en el que varias veces estuve a punto de morir.

También me gustaría aprovechar este espacio para hacer un pedido a todas las personas que participan en la cadena que conduce a la muerte a miles de jóvenes africanos, sólo por el afán de ganar dinero fácil (hombres de contacto, kocseur, gidos, etc.): pensad en que uno de vuestras familias puede ser una víctima.

Mi más profunda compasión para las familias de los que se han perdido en este duro viaje.

A mis hermanos africanos, me gustaría recordarles que sólo podremos desarrollar África si estamos en África. Arriesgar la vida en un viaje a Europa no es ninguna solución para la actual situación económica de nuestro continente.

A los responsables de los gobiernos, pediría su compromiso para acabar con las guerras y crear un ambiente favorable para que todos vivamos en paz. Sólo así podremos educar a nuestros hijos para que usen los recursos que tiene nuestro continente. De este modo, ya nadie necesitará arriesgar la vida para acabar vagabundeando en las calles de Europa.

A los países más ricos, pido que den más ayuda a los países más pobres, para que la balanza de prosperidad se equilibre al máximo. Esto ayudaría a detener la emigración masiva, que tantos problemas trae también al mundo desarrollado.

Mis respetos y simpatía hacia la difunta Sra. Janet, una señora inglesa que pasó mucho tiempo conmigo intentando pasar el manuscrito al ordenador, con la ayuda de Udo Bauhmam, de la revista *Actual Blanes*.

No puedo olvidar a Susan Ridge, de la escuela de idiomas de Blanes, que hizo todo lo posible para corregir mis errores lingüísticos.

Y gracias a Herminia Nubiola, la secretaria de la Asociación Save the Gambian Orphans, que me dio su ayuda y fortaleza, en todos los aspectos, para poder publicar este libro.

Espero que Dios dé la paz a los miles de jóvenes africanos que en este peligroso viaje a Europa han muerto en el desierto y el mar, y a aquellos que cayeron en manos humanas.

KALILU JAMMEH

Estaciones del viaje

País	Localidad	Distancia aproximada*	Transporte*	Fechas
Gambia	Serekunda		Autobús	
Senegal	Dakar		Avión	
Libia	Trípoli		Avión	
Argelia	Argel		Avión	
Senegal	Dakar		Autobús	
Gambia	Serekunda	270 km	Autobús	2 de agosto de 2002
Gambia	Basse		Autobús	
Senegal	Velingara		Autobús	
Senegal	Tambacounda		Autobús	
Senegal	Kidira		Autobús	
Malí	Giboli		Autobús	
Malí	Kayes	323 km	Autobús	
Malí	Bamako		Tren	
Burkina Faso	Bobo-Dioulasso		Minibús	
Burkina Faso	Uagadugú	390 km	Autobús	
Níger	Niamey	740 km	Camión	
Níger	Agadez	860 km	Bus – caminando – 4x4	
Libia	Ghat	620 km	Camión – caminando	Septiembre-octubre de 2002
Libia	Sabha	1000 km	Maletero de coche	
Libia	Trípoli	460 km	Camión	Noviembre-diciembre de 2003
Libia	Ghadames		Minibús	
Libia	Debodebu	450 km	Caminando	
Argelia	Ouargla	575 km	Autobús	
Argelia	Argel	170 km	Autobús	
Argelia	Ghardaïa		Transporte policial	Enero-febrero de 2003
Argelia	In Salah		Transporte policial	
Argelia	Tamanrasset		Transporte policial	
Argelia	Tin Zaouaten		Transporte policial	
Libia	Desierto cerca de la frontera con Argelia		Caminando con tuareg	

* Para llegar al siguiente destino.

País	Localidad	Distancia aproximada*	Transporte*	Fechas
Libia	Sibres		Camión	
Malí	Kidal	290 km	Camión que transportaba camellos	
Malí	Gao		Autobús	Abril de 2003
Malí	Mopti		Autobús	
Malí	Segon		Minibús	
Malí	Bamako	660 km	Autobús	Mayo-junio de 2003
Malí	Gao		Autobús	
Malí	Kidal	190 km	Autobús	
Argelia	Tin Zaouaten		Autobús	
Argelia	Tamanrasset		Autobús	
Argelia	In Salah	1580 km	Taxi	
Argelia	Ghardaïa	565 km	Autobús	
Argelia	Maghnia	30 km	Caminando	Julio-agosto de 2003
Marruecos	Oujda	223 km	Vehículo – caminando	
Marruecos	Taza		Caminando	
Marruecos	Keresiff		Caminando	
Marruecos	Fez	200 km	Caminando – maletero de coche	
Marruecos	Rabat		Transporte policial	Octubre de 2003
	Frontera Marruecos – Argelia		Caminando – camión	
Marruecos	Rabat	985 km	Camión - Land rover	Noviembre de 2003
Sahara Occidental	El Aaiún	205 km	Patera	Diciembre de 2003
España	Arrecife (Lanzarote)		Avión	14/12/2003 – 9/1/2004
España	Málaga		Autobús	
Eapaña	Barcelona	60 km	Tren	
España	Blanes			11 de enero de 2004

Su opinión es importante.
En futuras ediciones, estaremos encantados
de recoger sus comentarios sobre este libro.

Por favor, háganoslos llegar a través de nuestra web:

www.plataformaeditorial.com

Plataforma Editorial planta un árbol
por cada título publicado.